AF532507

Walter M. Weiss

Lesereise Oman

Walter M. Weiss

Lesereise Oman

Eine Erfolgsstory aus Tausendundeiner Nacht

Picus Verlag Wien

Grafische Gestaltung: Dorothea Löcker, Wien
Umschlagabbildung: © Ghulam Hussain / iStockphoto
Druck und Verarbeitung:
EuroPB, s.r.o., Tschechische Republik
ISBN 978-3-7117-1122-9

Informationen über das aktuelle Programm
des Picus Verlags und Veranstaltungen unter
www.picus.at

Inhalt

Im Epizentrum sultanischer Weisheit und Macht

Einst und heute: Die legendäre Hafenstadt Muscat

Wo bin ich nun eigentlich gelandet? Irgendwo an der kalifornischen Küste zwischen San Diego und Long Beach? In Miami? Auckland? Sidney? Oder Singapur? Auf dem sechsspurigen Highway vom Flughafen Richtung Herz der Capital Area schnurrt der Morgenverkehr trotz hoher Dichte mit einer Diszipliniertheit, wie man sie sich für weite Teile Europas nur wünschen könnte. Die Gebäude zu beiden Seiten erstrahlen in makellosem Schneeweiß und haben größtenteils die Ausmaße von Palästen. Palmenalleen, Bäumchen im Formschnitt und Blumenmeere, Frangipani, Bougainvilleen, Petunienbeete säumen den Weg. Der sattgrüne Rasen dazwischen sieht aus, als hätte man ihn mit Nagelschere und Pinzette manikürt. Und in regelmäßigen Abständen fordern Schilder die Vorbeifahrenden auf: »Keep your city clean!« Weder Anzeichen von Armut noch Abfälle sind zu sehen, weder streunende Hunde noch halb fertige Gebäude. Wären da nicht die arabischen Schriftzeichen auf den Autokennzeichen und riesenformatigen LED-Werbeboards, ragten nicht da und dort Kuppeln und Minarette von Moscheen himmelwärts, trügen die Herren und Damen hinter den Volants nicht weite, knöchellange Gewänder, Stickkappen respektive Kopftuch, und läge nicht, inzwischen selten genug, draußen vor der Küste eine *Dhau*, eines der für die Meere der Region früher so charakteristischen hölzernen Frachtschiffe – nie würde man vermuten, dass man sich in einer vor zwei Generationen noch denkbar peripheren Gegend am äußersten Nordostrand der Arabischen Welt befindet.

»Heute segelten wir ganz nahe an die Küste heran und sahen eine lange Kette völlig kahler Berge. Wir entdeckten ein großes Fort, das am Eingang zu einer Bucht auf hohem Felsen thronte. In dieser Bucht, vor der Stadt Muscat, warfen wir Anker. Diese Stadt wird von einem arabischen Prinzen regiert und ist von mehreren Mauerreihen und Türmen umgeben … In dem Felsental von Muscat herrscht eine ziemlich erdrückende Hitze (in der Sonne einundvierzig Grad Reaumur). Das grelle Licht ist hier sehr gefährlich, weil es weder von Bäumen noch Büschen noch dem kleinsten bisschen Gras gemildert wird. Man findet keine Europäer, weil das Klima für sie eine tödliche Gefahr darstellt.« Ida Pfeiffer, jene weltreisende Rechtsanwaltsgattin aus Wien, die diese Zeilen am 1. Mai des Revolutionsjahres 1848 in ihr Tagebuch notierte, würde heute wohl ihren Augen nicht trauen. Zwar gleichen im Sommer die Buchten am Nordrand des Hadjar-Gebirges, dessen nackter, dunkler Fels jeden Sonnenstrahl erbarmungslos speichert, noch heute Backöfen. Doch abgesehen davon, dass sich mittlerweile das Leben der Hauptstädter in der heißen Saison größtenteils in klimatisierten Räumen abspielt: Jener winzige Hafen, von dem aus die Omanis zur Zeit Ida Pfeiffers ein Seeimperium regierten, das von Sansibar bis ins heutige Pakistan reichte, ist zu einem dank hocheffizienter Meerwasserentsalzungsanlagen von üppigem Grün durchzogenen großstädtischen Ballungsraum angeschwollen, der sich bereits fünfzig Kilometer weit entlang der Küste und auch tief hinein in das Hinterland erstreckt und mittlerweile weit über eineinhalb Millionen Einwohner zählt.

Die Kernzone dieser sogenannten Capital Area bildet, sieht man von dem historischen Hafen-Zwilling Muscat und Mutrah ab, der Stadtteil Ruwi. Er wurde Anfang der Siebziger ein Stück landeinwärts in einem engen *Wadi* auf dem Reißbrett geplant und beherbergt mit dem Central Business District die Schaltzentrale der omanischen Ökonomie. Ein Tal weiter liegt Wattayah, das die höchste Dichte an Shoppingkomplexen im American Style aufweist. Und an dessen Ausgang, im Hafen von Mina Al Fahal, schlägt das Herz der hiesigen Fossilindustrie, der die Omanis trotz aller Diversifizierungsbemühungen immer noch über ein Drittel ihres Bruttonationalprodukts und drei Viertel ihrer Staatseinnahmen verdanken. Hier hat die PDO, die Petroleum Development Oman, ihr Headquarter. Hier kann man im von dieser gestifteten Oil & Gas Exhibition Center Wissenswertes über Entstehung, Entdeckung und heutige Förderung des Schwarzen Goldes erfahren. Von hier Richtung Westen erstrecken sich jene noch jüngeren, teilweise aus bescheidenen Fischersiedlungen hervorgegangenen

Bezirke, deren eingangs beschriebenes mondänes Gartenstadtambiente jeden Neuankömmling bass erstaunt: Qurum beispielsweise mit seinen Villenvierteln, dem Erholungsgebiet Natural Park und den streng geschützten Mangroven; oder die nicht minder prestigeträchtigen Bezirke Al Khuwair und Madinat al Sultan Qabus mit ihren noblen Botschaften und Ministeriumsbauten.

Eindeutig die Hauptattraktion der Capital Area ist aus touristischer Sicht ihr phänomenaler Sandstrand. Der reicht von der Landspitze Ras al-Hamra viele Kilometer weit über Shati Al Qurum und Al Ghubrah bis zur westlichen Stadtgrenze (und darüber hinaus) und ist gesäumt von einigen der feinsten Hotels des Landes. Im Grand Hyatt etwa, im insbesondere von Stilpuristen mit Hang zu fernöstlichem Minimalismus viel gepriesenen The Chedi oder im Crown Plaza, dem Nachfolger des legendären, weil ersten Luxushotels aus der Aufbruchszeit, dem Gulf, lässt sich denkbar famos urlauben. Gar nicht zu reden vom Kempinski in The Wave alias Al Mouj, einem in jüngsten Jahren erst nahe dem Airport aus dem Boden gestampften Stadtteil von beinah dubaiesken Dimensionen. Marina, Golfplatz, Tauchbasis und reihenweise edle Boutiquen und Restaurants machen ihn zum bevorzugten Tummelplatz der einheimischen Reichen und Schönen.

Auf sehr andere Weise spektakulär ist indes die Küstenlandschaft östlich der Hauptstadt: feinsandige Strände zwischen steilen Klippen, dazu laues, kristallklares Wasser und eine maritime Fauna –

dies lässt sich schon nach ein bisschen Schnorcheln behaupten – von einer Vielfalt und Farbenpracht, die es mit den schönsten Revieren des Roten Meeres, der Karibik oder der Malediven aufnimmt. Ein Leuchtturm der omanischen Luxushotellerie wartet auch hier: Das Al Bustan Palace, inzwischen von der Ritz-Carlton-Kette betrieben, wurde Anfang der Achtziger in nur eineinhalb Jahren für das Gipfeltreffen des GCC, des Kooperationsrats der Golfstaaten, dem auch der Oman angehört, errichtet und pflegte lange Zeit die offiziellen Gäste des Sultans zu beherbergen. Der pompöse, neunstöckige, mit seiner oktogonalen Grundform äußerlich eher etwas eigenwillige Palast, dessen achtunddreißig Meter hohe, mit Marmor vertäfelte und von Weihrauchduft geschwängerte Mittelhalle mehr einer Kathedrale denn einer Lobby gleicht, wurde von den internationalen Fachmedien mehrmals unter die besten Strandhotels der Welt gewählt.

Ich freilich pflege an Ankunftstagen lieber ein Taxi ins alte Muscat zu nehmen. Zu Zeiten von Sultan Said ibn Taimur, jenes starrsinnigen Despoten, der Oman achtunddreißig Jahre lang bis 1970 regierte, herrschte hier noch tiefstes Mittelalter. Es gab ein einziges Spital. Das hatte zwölf Betten. Und nur eine asphaltierte Straße. Die war drei Kilometer lang und führte zum Palast. Sonnenbrillen, Fahrräder, Radios und anderes »westliches Teufelszeug« waren verboten. Die Stadttore wurden bei Einbruch der Dunkelheit geschlossen, und wer sich vor Sonnenaufgang aus dem Haus wagte, musste per Dekret eine Laterne bei sich tragen (siehe »Rückblick I«, Seite 29). Aufgeschreckt durch diverse sozialistische Revolutionen in der Arabischen Welt, namentlich in Irak, Ägypten, Libyen und Jemen, hatte sich der Monarch rigoros jeder Form von Entwicklung verschlossen und es so geschafft, aus seinem hundert Jahre zuvor noch fortschrittlichen Land eines der rückständigsten der Welt zu machen. Er war zudem in höchstem Maße xenophob. Wer aus- oder einreisen wollte, brauchte des Herrschers persönliche Genehmigung. Und Ausländern wurde, wenn überhaupt, nur in raren Einzelfällen der Aufenthalt erlaubt.

Sein Sohn Qabus, der am 23. Juli 1970, gerade dreißig Jahre alt, unblutig gegen den Vater putschte, öffnete die Grenzen. Er ließ mithilfe des jählings sprudelnden Ölreichtums und westlicher Berater Straßen, Schulen, Stromleitungen, Spitäler und andere Unentbehrlichkeiten bauen, die es zuvor so gut wie nicht gegeben hatte. So schuf er in wenigen Jahren einen modernen Musterstaat, von dem ein Bericht der Vereinten Nationen kürzlich erst voller Anerkennung meinte, weltweit habe keine andere Nation ihre soziale und wirtschaftliche Lage binnen weniger Jahrzehnte so fundamental verbessert.

Das Bruttoinlandsprodukt betrug 1970 pro Kopf ganze dreihundertsiebzig US-Dollar und liegt heute kaufkraftbereinigt bei fast vierzigtausend – höher als etwa in Griechenland oder Russland. Medizinische Versorgung und Schulbesuch sind gratis, sauberes Wasser und Sanitäranlagen für alle zugänglich. War 1970 noch die gesamte Bevölkerung illiterat, liegt die Analphabetenrate heute für Frauen bei sieben, bei Männern bei gerade noch drei Prozent. Das Land ist durchgehend elektrifiziert, durch Autobahnen und Straßen bestens erschlossen und in den städtischen Zentren industrialisiert. Als »Renaissance« preisen die Omanis diese ihre Befreiung aus dem Gefängnis des Anachronismus.

Als sichtbares Symbol für den grundlegenden Wandel modelte Sultan Qabus auch das Herz von Old Muscat radikal um. Er ließ den Basar mitsamt einem Großteil der historischen Innenstadt und die Palmhüttensiedlungen an der Peripherie schleifen (eine Reihe imposanter, inzwischen sorgfältig restaurierter Wohnhäuser alter Händlerdynastien freilich blieben stehen). Die so gewonnenen Freiflächen verwandelte er in ein Verwaltungsviertel mit einem Prachtboulevard als zentraler Achse, um den sich pompöse marmorweiße Regierungsgebäude, darunter das Finanzministerium und die Büros des Diwan, gruppieren. Die alte Stadtmauer ersetzte er durch eine neue, deren Tore breit genug für Autos sind. Und zwischen die portugiesischen Festungen Mirani und Djalali zwängte er einen neuen Palast – Qasr al-Alam, einen von indischen Architekten entworfenen, in Farben und Formen gelinde gesagt etwas kuriosen Komplex, in dem Qabus Audienzen und Staatsempfänge abhielt (seine ehemalige Residenz, in der seit 2020 auch sein Nachfolger auf dem Thron, Haitham ibn Tariq, wohnt, steht in Seeb), und über den die *FAZ* einmal reichlich respektlos formulierte, er sehe aus, »als würden Imelda Marcos' Pudel darin wohnen«.

Seltsamerweise hat das alte Muscat trotz dieser

brachialen Verjüngungskur einen Rest seiner legendären Romantik bewahrt. Die beiden Burgen, die übrigens dem Militär unterstehen und dem gemeinen Volk deshalb verschlossen bleiben, sind abends in bombastisches goldenes Flutlicht getaucht – höchst theatralisch, als würden vor ihrer Kulisse Verdi-Opern aufgeführt. Oder von Kanonensalven und Feuerwerken begleitete Son-et-lumière-Spektakel.

Die ultimative Aussicht auf dieses wie von Walt Disney designte urbane Idyll aus Tausendundeiner Nacht genießt man vom Scheitel der alten Passstraße aus, der ehemals einzigen asphaltierten Verbindung in diese Bucht. Von dort lassen sich – aus lichttechnischen Gründen bevorzugt spätnachmittags – die besten Panoramafotos schießen. Der Blick in Cinemascope auf das Epizentrum sultanischer Macht lädt aber auch zur Reflexion über das wundersame Geschick dieser Monarchie am Ostrand der Arabischen Welt: Die Omanis sind zu Recht stolz auf eine über vier Jahrtausende alte Landesgeschichte. Sie verfügten schon über ein Imperium, dessen Herrschaftsgebiet sich nach Ostafrika und ins heutige Pakistan erstreckte und dessen Einfluss als »Global Player« im Überseehandel über Indien bis weit nach Südostasien reichte, als die heute neureichen Cousins am Golf und in Innerarabien noch in Zelten hausend bloßfüßig mit ihren Kamelen und Falken im Wüstensand hockten. Die Omanis schwimmen nicht wie die Qataris und Emiratis in Gas und Öl. Dafür hüten sie als Schatz eine Denkungsart, die keine Kompensation durch Glitzer,

Glamour und permanente Superlative nötig hat. Dank ihrer in den Tiefen der Zeit wurzelnden Tradition brauchen sie keine künstlichen Skipisten und Freizeitarchipele, keine Fata Morganen aus Glas und Beton. Statt Weltrekordwolkenkratzer zu bauen, sichern sie den Minaretten ihrer Moscheen auch weiterhin das altehrwürdige Privileg, dass kein profanes Gebäude sie überragt.

Ein guter Ort, um sich mit Omans Seele vertrauter zu machen, ist das Nationalmuseum. Es wurde 2016 vis-à-vis dem Sultanspalast erbaut und ist architektonisch wie museumsdidaktisch ein echtes Glanzstück. In seinen großzügig dimensionierten Räumen defiliert, multimedial instruktiv und effektvoll inszeniert, in Form Tausender Exponate das gesamte Kulturerbe des Landes am Besucher vorbei. Vom archaischen, aber seetüchtigen Boot mit durch Kokosfasern vernähten Planken, bis zum Modell eines modernen Tankschiffs zum Transport von Flüssiggas; von Schnittzeichnungen durch ein antikes *Aflaj*-Kanalsystem bis zu Miniaturnachbauten diverser Lehmfestungen. Man liest eine Kopie jenes Briefes, mit dem Prophet Mohammed im Jahr 630 per Boten den damaligen Herrscher über die Küstenebene zur Konversion aufforderte, und ein paar Vitrinen weiter die Geschichte der Sultanstochter Sayyida Salamah, die sich 1864 im Palast von Sansibar unsterblich in den Vertreter einer Hamburger Handelsgesellschaft verliebte, aus ihrer Heimat floh und in der Alsterstadt als Bürgergattin Emily Ruete mit ihren »Memoiren einer arabischen Prinzessin« für Furore sorgte. Man bewundert erlesene Hervorbringungen hiesigen Kunsthandwerks – Schmuck, handgewebte Seiden, Trachten, fein beschnitzte Türen, Fenster, Truhen, ziselierte Kaffeekannen und Krummdolche … Man inspiziert eine am Ausgang der Eisenzeit im Oman geschlagene Münze, die älteste bekannte, mit dem Konterfei Alexander des Großen, und gleich nebenan eine moderne Zwanzig-Rial-Banknote, von der einem väterlich milde, mit schlohweißem Vollbart Sultan Qabus entgegenlächelt. Und am Ende des Rundgangs versteht man etwas ein Stück weit besser: nämlich dass Tradition und Moderne sich hierzulande nicht befehden, sondern vielmehr auf ungewöhnliche, leider sehr selten gewordene Art koexistieren. Wie zwei Brüder, die einander bisweilen vielleicht etwas fremd, aber im Grunde stets wohlgesonnen sind.

Im Maschinenraum der Modernisierung

Mutrah und Capital Area

»Hinter Muscat«, schrieb die Wiener Weltreisende Ida Pfeiffer, »erstreckt sich ein langes, felsiges Tal. Darin findet sich ein Dorf mit mehreren Gräbern und (welch wunderbare Sache!) ein kleiner Garten mit sechs Palmen, einem Feigen- und einem Granatapfelbaum. Dieses Dorf heißt Mutrah und ist größer und dichter bevölkert als Muscat.« Der Unterschied zwischen den beiden Nachbarorten hat sich seit damals verstärkt. Mutrah ist seit dem Niedergang der omanischen Seemacht, weil es einen Zugang zum Hinterland bietet, das pulsierende Herz des historischen Stadtbereichs. Hier befinden sich Mina Qabus, ein großer, moderner Containerhafen, und der neue Fischmarkt, ein »Landmark« zeitgenössischer Architektur, samt Kühlhaus und Konservenfabrik. An der Corniche, der elegant geschwungenen Küstenstraße, stehen noch etliche der über hundertjährigen, mit fein ziseliertem Schnitzwerk und filigranen Holzbalkonen verzierten Prachthäuser der reichen Händler vom Subkontinent. Dahinter erstreckt sich der Bezirk Sur Al Lawatiya.

Oman ist als Folge der langen Seefahrertradition Heimat zahlreicher Minderheiten. In seinen Hafenstädten leben seit Generationen Belutschen aus dem iranisch-pakistanischen Hochland, dunkelhäutige

Sansibari, schiitische Khojas aus Indien und deren Glaubensbrüder aus Bahrain. Sur Al Lawatiya wird von Lawatis, schiitischen Kaufleuten aus der pakistanischen Provinz Sindh, bewohnt. Das Viertel galt lange Zeit nicht nur für Fremde, sondern auch für andersgläubige Nachbarn als No-go-Area. Noch heute sind in den engen Wohngassen allzu neugierige Schaulustige nicht gerne gesehen.

Gleich daneben liegt hinter einem unscheinbaren Bogenportal der berühmte Basar, der größte und prominenteste im Land. Das von Sultan Qabus beharrlich propagierte Prinzip, alt und neu zu verknüpfen, wurde auch bei seiner Renovierung beherzigt. Nachdem in den Achtzigern ein Teil der ohnedies baufälligen Holzstruktur abgebrannt war, ließ sich zwar die Ausbreitung von Alu-Portalen und Betonwänden nicht vermeiden. Doch über das ästhetische Wirrwarr zu ebener Erde hat man ein Dach aus stilvoll bemalten Holzbalken gelegt. Auch das Warenangebot der Läden ist reich an reizvollen Kontrasten. Natürlich wurden auch viele von ihnen durch Massenprodukte überschwemmt. Doch aus dem Meer von Küchengeräten, Kunstledertaschen und synthetischen Geweben, all dem kitschigen Plüsch und Plastik aus Indien und Fernost, ragen immer noch Inseln des gehobenen Geschmacks, findet sich viel Handgefertigtes aus dem eigenen Land – Krummdolche und silberne Amulettkapseln aus Nizwa zum Beispiel, Töpferware aus Bahla, alte Seidenstoffe aus den Handwebereien von Sur, kupferne Kaffeekannen, hölzerne Hochzeitstruhen, Halsketten aus *Anbar* (Bernstein) und Koralle, Flechtwerk aus Palm- und Kokosfasern. Und natürlich betörende Duftessenzen, Öle und Räucherwaren, allen voran Weihrauch, der dem Gassengeflecht ein fast sakrales Flair verleiht.

Eines der exquisitesten Antiquitätengeschäfte betreibt Mohammed Ali Murad. Vor bald fünfzig Jahren hat er es hier, unter der zentralen Kuppel am Ende der Hauptgasse Khor Bamba, nahe des ehemaligen Tors Bab Addarwazah, eröffnet. Inzwischen dirigiert er, den Bart schlohweiß, gemeinsam mit drei Söhnen innerhalb des Basars ein kleines Imperium aus vier Filialen. Seine Stammadresse gleicht der sprichwörtlichen Höhle des Aladdin. Im vorderen Teil stapelt sich die heute offenbar unvermeidliche billige Beute für souvenirsüchtige Banausen. Doch weiter hinten hütet der Seniorchef, assistiert von Sohn Jamal und zwei kundigen Helfern aus Bangladesh, einen Schatz teilweise mehrhundertjähriger Kostbarkeiten. Einen Schwerpunkt seines fotogen von Decke und Wänden baumelnden, Boden und Borde überwuchernden Sortiments bilden naturgemäß *Khanjars*. Vor 1970, lerne ich, dienten diese Krummdolche mit den zweischneidigen Klingen in Form eines »J« ihren Trägern zumindest potenziell auch als Waffe. Inzwischen jedoch seien sie nur noch Dekor und Statussymbol – ein zeremonielles Accessoire, das bis heute oft von Vater zum Sohn, von Generation zu Generation weitervererbt wird. In traditionsbewussten Milieus sei es immer noch üblich, schon kleinen Buben Miniaturdolche zu schenken. In der Pubertät bekämen sie dann, gleichsam als Symbol der Mannwerdung, ihren ersten echten *Khanjar*. Die Erwachsenen tragen ihn freilich, mit Ausnahme manch älterer Herren im Landesinneren, nur noch zu speziellen Anlässen – zu Id, dem Fest zu Ende des Fastenmonats Ramadan, bei Hochzeiten oder, als hohe Beamte, zum Zweck offizieller Repräsentation.

Früher, erklärt der Hausherr, zeigten Form und Ausführung der Waffe auf den ersten Blick, welcher Region, welchem Stamm ihr Träger angehörte. Waren Goldfäden in das Leder der Scheide eingearbeitet, kam er aus Sur. Wenig Silber, schlichtes Leder signalisierte – ein Bedu! Extrem hoher Silbergehalt und höchstes Raffinement in der Verzierung plus die Zahl von sieben Silberringen, mit denen der Dolch am Leibgürtel fixiert wird, zeichnete den Mann als Al Bu Said, als Mitglied der Sultansfamilie aus. Mittlerweile hat sich allerdings landesweit ein Einheitsstil breitgemacht.

Auch beim Material hat sich vieles geändert: Das Silber für die Klinge gewann man früher durch Einschmelzen des allgegenwärtigen Maria-Theresien-Talers. Doch nachdem dieser aus dem merkantilen Alltag Arabiens verschwunden ist, wird es in Barren aus der Schweiz eingeführt. Die Griffe wurden in der Vergangenheit, zumindest für betuchte Kunden, aus Elfenbein oder Rhinozeroshorn gefertigt. Heute, da deren vierbeinige Lieferanten vor dem Aussterben zu bewahren sind, hat man im guten Fall mit Büffelhorn, Kamelknochen oder Sandelholz vorliebzunehmen. Überwiegend jedoch, rümpft mein Gegenüber die Nase, seien die Basare inzwischen leider von billigen Imitaten aus Indien mit Griffen aus Plastik und Klingen aus Blech überschwemmt. Und er kann sich einen Seitenhieb nicht verkneifen auf jene ignoranten Nordländer, kurzbehoste, sonnengerötete und tätowierte Passagiere der draußen im Hafen ankernden Kreuzfahrtkolosse, die regelmäßig in Horden den Markt von Mutrah stürmen.

Weiter vorne, im ersten Stock über dem Haupteingang zum Basar, wo Käufer und Müßiggänger in einem nicht enden wollenden Strom defilieren, entdecke ich ein Tee- und Kaffeehaus. Wasserpfeifen, Kartenspieler, Kardamom- und Ingwerduft … eine gute Gelegenheit, in Muße das Äußere der Passanten zu studieren. Was sofort auffällt: Sakkos und Hosen oder gar Jeans sind noch rar. Die Migranten, die mittlerweile fast die Hälfte der fünf Millionen Landesbewohner stellen, mehrheitlich aus Indien, Pakistan und Bangladesch stammen und, für alle niedrigen Arbeiten zuständig, das Land im Alltag weitgehend am Laufen halten, erkennt man an Sari und Shalwar Kameez. Traditionell kleiden sich auch nach wie vor die Omanis: Fast alle Männer tragen die kragenlose, mit einer Bordüre besetzte *Dischdascha*, wobei die Älteren das konservative Weiß, die jüngeren modische Pastelltöne wie Lachs und Lila bevorzugen. Und fast alle haben entweder eine bunt bestickte Rundkappe, die *Kumma*, oder einen *Mussar*, den ebenfalls farbigen Turban auf dem Kopf. Bei den Frauen hingegen dominiert, aller gesellschaftspolitischen Modernität zum Trotz, Schwarz. Die allermeisten verhüllen sich in der Öffentlichkeit als Zeichen für Anstand und Frömmigkeit mit einer *Abaya*, dem bodenlangen Umhang, ergänzt um das islamische Kopftuch, den *Hijab.* Eine charmante Note verleiht den Männern die kleine Quaste, die ihnen vom Halsausschnitt baumelt. Es heißt, sie sei zur ständigen Erbauung der Sinne mit dem Lieblingsparfum der Ehefrau beträufelt.

Spätabends bummele ich ein weiteres Mal die Corniche entlang, vom Riyam Park mit seinen Karussells, Autodroms und dem bonbonfarben illuminierten Aussichtsturm in Form eines überdimensionierten Weihrauchbrenners westwärts in Richtung Hafen. Man fühlt sich auch zu dieser Uhrzeit hundertprozentig sicher und alles ist über die Maßen ordentlich. Rechts und links der Promenade stehen Steinböcke, Adler und weiße Oryxantilopen aus Polyester, wie man sie im Rahmen des sogenannten »Beautification«-Programms im ganzen Land aufgestellt hat. Die Autofahrer respektieren mit fast schon übertriebener Beflissenheit Tempo vierzig. Ich begegne keiner einzigen dubiosen Gestalt, keinem Betrunkenen, der mich anpöbeln könnte. Nicht einmal greinenden Kindern, nur bieder-braven Flaneuren, Familien, Händchen haltenden Pärchen. Die Vermutung liegt nahe, diese kollektive Ausgeglichenheit und freundliche Entspanntheit der Omanis, von der jeder Reisende und mehr noch jeder Expat, der länger hier lebt und arbeitet, schwärmt, liege in einem unverkrampften, in den Tiefen einer langen Geschichte verwurzelten Nationalstolz begründet. Das Land sei zum einen zwar über lange Phasen unter Hegemonie fremder Mächte, aber nie wirklich Kolonie gewesen. Zum anderen hätten seine Seefahrer den heutigen Omanis eben ihre Liberalität und Weltoffenheit vererbt. Außerdem predige die hierzulande den Ton angebende Version des Islam, der Ibadismus (siehe »Wo das spirituelle Herz des Landes schlägt«, Seite 79), seit nun weit über tausend Jahren Toleranz. Offenbar mit Erfolg.

Besonders deutlich wird dieser Geist beim Besuch der Großen Sultan-Qabus-Moschee draußen, im Stadtteil Al Ghubrah: Hat man diese sinnbetörende Manifestation unbedingten Glaubens gebührlich bestaunt, allem voran den kolossalen Gebetssaal mit seinen schwarz-weißen Hufeisenbögen, den Intarsien und Mosaiken aus Gold, Perlmutt und Lapislazuli, dem vierzehn Tonnen schweren Swarovski-Kristallluster und dem mehr als viertausend Quadratmeter großen Teppich, an dessen eins Komma sieben Milliarden Knoten sechshundert Perserinnen vier Jahre lang knüpften ... Hat man sich an all diese Herrlichkeit, die dem Vergleich mit den modernen Vorzeigemoscheen Casablancas oder Abu Dhabis mühelos standhält, doch einmal halbwegs sattgesehen und schaut im angrenzenden Informationsbüro der Religionsbehörde vorbei, hört man die gastfreundlichen Kleriker nicht etwa über die Vorzüge des Ibadismus sprechen. Stattdessen betonen sie in warmherzigen Worten die Notwendigkeit einer innerislamischen Ökumene. Nicht zufällig stehen in Muscat mehrere Kirchen und Hindutempel, können Andersgläubige ihre Kulte unbehelligt praktizieren. Jeglicher Fanatismus ist nicht nur verboten, sondern auch verpönt. Und jene ebenfalls vom Info-Büro abgestellte Damen, die nebenan, im Schatten von Niem- und Ashokabäumen, ausländischen Gästen bei Kaffee und Datteln in fließendem Englisch Rede und Antwort stehen, erörtern anstatt Glaubensfragen überhaupt viel lieber die Errungenschaften der Frauenemanzipation in ihrem Land. So bevorzuge, erklärt mir Suraya Mosa, eine Muslima mit schweizerisch-US-amerikanisch-omanischen Wurzeln, das hiesige Erb-, Ehe- und Scheidungsrecht nach wie vor der *Scharia* folgend die Herren der Schöpfung. Und im Privaten wie im öffentlichen Raum hätten die islamischen Sittenregeln unverbrüchlich Gültigkeit. Doch in Politik und Wirtschaft sei die Gleichstellung der Geschlechter weit gediehen. Mädchen haben dieselben Karrierechancen wie Knaben und im Berufsleben verfassungsrechtlich Anspruch auf gleichen Lohn. Und an der Uni der Hauptstadt hat man als Reaktion auf die ungleich besseren Abschlüsse von Studentinnen gar eine Männerquote eingeführt. Kein Tourist, keine Touristin aus Europa, die sich ob solch gesunden Selbstbewusstseins nicht beeindruckt und insgeheim positiv überrascht verabschiedet.

Vorbildlichkeit und Beflissenheit haben, gepaart mit einem gewissen Charme der Unverderbtheit, freilich auch eine kleine Kehrseite. Dann und wann ist von Expatriates aus Europa zu hören, dass man spätestens nach ein, zwei Jahren in der Hauptstadt die Begrenztheit der sozialen Aktivitäten, das kärgliche Angebot an Kino, Konzerten, Theater, an Nachtleben, das Provinzielle generell als Manko empfindet. Wohl auch, um dem ein Stück weit entgegenzuwirken, ließ Sultan Qabus das Royal

Opera House errichten. In dem 2011 als erstes Musiktheater auf der Arabischen Halbinsel eröffneten Prachtbau (auch hier glänzen Gold, Marmor und edle Hölzer im Überfluss um die Wette) spiegelt sich die Vorliebe seines Bauherrn für abendländische Kunst. Der hatte bekanntlich die renommierte Militärakademie im südenglischen Sandhurst besucht, später in der Rheingarnison der britischen Armee gedient und in Garmisch-Partenkirchen ein Anwesen besessen, in dem er häufig urlaubte. Ein Erbe dieser Prägung ist die Vorliebe für angelsächsisches Zeremoniell: Auf der riesigen Freifläche vor der Oper werden regelmäßig im großen Stil Military Tattoos, Dudelsackklänge und Schottenrock inklusive, abgehalten. Qabus (der Name bedeutet »schönes Gesicht«) habe, heißt es, nicht selten nächtens stundenlang ganz für sich auf der Orgel des Opernhauses gespielt.

Wie schrieb der britische *Guardian?* »Die Vulgarität Dubais und die Brutalität Irans« seien »einfach nicht sein Stil«. Was nichts daran ändert, dass auch Omans Sultane, wie in der Region üblich, absolutistisch herrschen. Und auch wenn im August 2020, nur acht Monate nach Qabus' Tod, eine Neustrukturierung der Regierung erfolgte, bei der sein Nachfolger die Ämter des Zentralbankchefs, Finanz- und Außenministers abgab und Maßnahmen zur transparenteren Regierungsführung sowie die Einrichtung von Mechanismen zu mehr Rechenschaft ankündigte: Als Staatsoberhaupt bekleidet auch Sultan Haitham weiterhin in Personalunion die Position des Premierministers und Oberbefehlshabers der Streitkräfte. Alle Minister werden von ihm ernannt und fungieren de facto als bloße Berater. Ja, auch der Oman ist keineswegs frei von Korruption. Rassismus gegenüber Indern, Bangladeshis, Pakistanern bricht sich in Arbeitswelt und Alltag bisweilen durchaus Bahn. Und Amnesty International hat manche Missstände zu kritisieren. Aber entscheidend ist: Der Geist, den der Thron seit 1970 bis heute kultiviert und verströmt, ist nach innen und außen einer der Toleranz, Besonnenheit und Benevolenz. Das Sultanat versteht sich zwar als enger Freund des Westens. USA und Briten unterhalten auf seinem Boden keine Militärbasen, dürfen aber omanische Stützpunkte nutzen. Doch verfolgt das Land traditionell und mit Erfolg eine friedensfördernde Politik der Neutralität und des Brückenschlagens: So trat Sultan Qabus regelmäßig als Vermittler in Erscheinung – im Palästinakonflikt zum Beispiel, zwischen den Kontrahenten des jüngsten Krieges im Jemen oder, besonders verdienstvoll, in den 2010er-Jahren als Ort der Begegnung für Geheimgespräche zwischen den USA und Iran in der Frühphase der damaligen Annäherung über die Atomfrage. Und Sultan Haitham, sein Cousin, setzt als Mann des Ausgleichs diesen moderaten, verbindlichen Kurs fort, pflegt – eine Seltenheit in dieser von blutigen Konflikten besonders schlimm zerfressenen Region der Welt – gutnachbarliche Beziehungen zu allen Anrainern. Wie beruhigend für die Omanis. Wie rühmenswert für ihre Freunde. Und wie vorbildhaft aus Sicht aller kooperativ gesinnten Entscheidungsträger rund um den Globus.

Rückblick I: Desaströse Zustände

Dr. Donald Bosch, Missionsarzt, über Omans extreme Rückständigkeit noch vor siebzig Jahren

Meine Frau und ich kamen ursprünglich aus den USA hierher nach Muscat, weil wir Mitglieder einer Organisation namens »World Ministries« sind. Das ist ein Zweig der Reformierten Kirche, dessen Hauptaufgabe darin besteht, Leute mit speziellen Fähigkeiten in jene Gebiete der Erde zu vermitteln, wo eben diese Fähigkeiten dringend gebraucht werden. Ich hatte gerade meine Ausbildung als Chirurg und meine Frau ihre als Lehrerin absolviert. Und die Verantwortlichen meinten, für Leute wie uns beide bestehe im Oman besonders akuter Bedarf. Unsere Mission war ja hier schon seit 1893 aktiv. Insofern waren wir keine wirklichen Pioniere. Das Spital, in dem ich arbeitete, stand in Mutrah und war 1930 gebaut worden – wenige Jahre später als die Schule in Muscat, an der meine Frau unterrichtete.

Wir sprechen von den frühen fünfziger Jahren, als es im gesamten Oman nur drei Meilen asphaltierter Straße, keine Elektrizität und auch keinen Flughafen gab. Die komplette Ein- und Ausfuhr von Waren erfolgte über Schiffe, die wöchentlich einmal auf ihrem Weg zwischen Basra und Bombay hier vor Anker gingen. Insgesamt waren in Muscat damals kaum mehr als dreißig Europäer ansässig, hauptsächlich britische Militärberater, ein paar Mitarbeiter der Telegraphengesellschaft … Die Capital Area zählte damals, so schätze ich, nur fünfzigtausend Einwohner, der ganze Oman gerade eine Million.

Von der Hauptstadt führte bloß eine holprige Piste ins Hinterland. Viele unserer Patienten kamen auf Kamelen oder Eseln zur Behandlung ins Spital. Wir wurden davor gewarnt, ins Landesinnere zu fahren, weil Rebellen die Wege vermint hatten. Doch manchmal wagten wir uns bis in das Jebel-Akhdar-Gebiet vor. Dort gehörten wir tatsächlich zu den ersten Besuchern aus Europa. Oben auf dem Hochplateau schlug ich immer wieder für zehn Tage eine ambulante Klinik auf, in der ich Operationen im Freien, unter einem Baum durchführte. Dabei hatte ich einen einheimischen Assistenten, den ich Grundzüge wie das Sterilisieren der Instrumente sowie einfache Handreichungen lehrte.

Das Gesundheitssystem war in jenen Tagen desaströs. Bevor jemand überhaupt in unser Spital kam, konnte man annehmen, dass er bereits unter den fünf gängigen Krankheiten litt. Er hatte mit Sicherheit Malaria, Darmparasiten und das Trachom, eine in warmen Ländern verbreitete chronische Augenkrankheit. Außerdem war die Mehrheit der Omanis damals blutarm und unterernährt. Häufig kamen auch Lungenentzündung und Lepra vor. Heute ist die medizinische Versorgung besser als in den meisten anderen Ländern der Welt. Sie ist für Einheimische wie ausländische Gäste kostenfrei. Selbst in entlegensten Gebieten wird die Bevölkerung von mobilen Einsatzteams regelmäßig besucht.

Hervorheben möchte ich bei dieser Gelegenheit, dass die Omanis extrem dankbare und vertrauensvolle Menschen sind. Wenn man ihnen Gutes tut, vergessen sie das nie. An meinem ersten Tag in der Klinik kam ein Mann mit einem so großen Tumor zu mir, dass ihn nur noch eine Operation retten konnte. Als ich ihm das sagte, packte er mich am Arm und meinte: »Los, lass es uns gleich erledigen!« Er hatte mich nie zuvor gesehen. Obwohl Aberglaube weitverbreitet ist und in den Dörfern auch traditionelle Heiler tätig sind, wurden wir sofort akzeptiert und keineswegs als deren Konkurrenz empfunden. Unsere medizinischen Anweisungen wurden stets befolgt. Ich durfte sogar Frauen untersuchen. Einmal, ich erinnere mich mit Amüsement, hatte ich eine Patientin im Beckenbereich abzutasten. Ihr Mann hatte sie begleitet und ihr, ohne zu wissen, dass ich Arabisch verstand, beteuert, die Behandlung sei kein Problem. Schließlich sei ich nur ein Doktor, kein Mann.

Auch ein anderer Wesenszug der Omanis erleichterte unsere Arbeit sehr: Sie erkannten seinerzeit an, dass ihre Gesellschaft rückständig war und Hilfe benötigte. In anderen Ländern hat diese Erkenntnis oft einen Minderwertigkeitskomplex ausgelöst und in der Folge wurden fremde Berater abgelehnt. Für den Stolz und das Selbstverständnis der Omanis hingegen war die Situation kein Problem. Im Gegenteil: Sie freundeten sich mit den ausländischen Experten an und gaben ihnen das Gefühl, willkommen zu sein. Das ist mit ein Grund, weshalb sich das Land so rasch entwickelte.

Zwischen 1954, als wir kamen, und 1970 änderte sich im Oman freilich so gut wie nichts. Sultan Said, der Vater des segensreichen Langzeitherrschers Sultan Qabus, war zutiefst davon überzeugt, dass der westliche Einfluss die traditionelle Kultur seines Volkes zerstören würde. Deshalb widersetzte er sich jeglicher Modernisierung. Das Problem war, dass die Omanis die stürmische Entwicklung im benachbarten Dubai ganz genau verfolgten. Gegen Ende seiner Regierungszeit war die Stimmung in der Bevölkerung sehr gedrückt und die Unzufriedenheit groß. Man gehorchte den mittelalterlichen, teilweise abstrusen Gesetzen nur aus Angst vor Gefängnisstrafen. Uns gegenüber wagten die Menschen offen zu klagen. Da der Sultan aber die letzten Jahre in Salalah saß und sein Repräsentant hier in Muscat skrupellos seine Anweisungen durchsetzte, kam es nie zu einer Revolte. Als ihn dann 1970 sein Sohn mit britischer Hilfe entthronte, wollte es der Zufall, dass wir außer Landes waren. Nach unserer Rückkehr erzählten uns Freunde, die Menschen hätten, nachdem der Machtwechsel verkündet worden war, in den Straßen vor Freude getanzt und musiziert.

Anfang der Fünfziger betrug die Analphabetenrate unter Frauen nahezu hundert, unter Männern an die neunzig Prozent. Dass Frauen einen Beruf ausübten, war undenkbar. Mädchen wurden von ihren Familien im Alter von durchschnittlich dreizehn, vierzehn Jahren verheiratet. Kurz danach kam das erste Baby und der Lebensweg war vorgezeichnet. Heute hingegen geht jedes Kind zur Schule. Nach 1970 haben auch viele Erwachsene zu lesen und zu schreiben gelernt. Ich habe erlebt, dass in einer Familie die Kinder am Vormittag und die Mütter am Nachmittag die Schulbank drückten.

Sultan Qabus legte ganz generell großes Augenmerk auf die Verbesserung des Status der Frau und betonte dies auch immer wieder in seinen Reden. Mittlerweile gehen viele Mädchen nach ihrem Schulabschluss selbstverständlich an die Uni, werden Ärztinnen, Ingenieurinnen, hohe Verwaltungsbeamtinnen. Sogar der Madjlis Asch-Schura, dem Anfang der Neunziger gegründeten, vom Volk direkt gewählten Unterhaus des zweikammerigen »Nationalen Konsultativrates«, gehören inzwischen mehrere Frauen an.

Die Idee einer Familienplanung war vor 1970 unter den Omanis fast ausnahmslos unbekannt und die Kindersterblichkeit extrem hoch. Ich schätze, dass damals mehr als die Hälfte der Säuglinge vor ihrem zweiten Geburtstag starben. Insofern war eine hohe Geburtenrate eine biologische Notwendigkeit und zugleich ein Garant für die Altersversorgung der Eltern. Außerdem gab es vonseiten der Ulema, der orthodoxen Korangelehrten, aus theologischen Gründen starke Widerstände gegen Empfängnisverhütung. Sich fortzupflanzen galt beziehungsweise gilt vielerorts immer noch gleichsam als religiöse Pflicht. Seit zwei, drei Jahrzehnten ändert sich jedoch auch diesbezüglich das Bewusstsein. Sultan Qabus selbst hat öffentlich gemeint, fünf Köpfe seien heutzutage für eine Familie genug. Mittlerweile hat man ein umfassendes Pensionssystem, ja auch darüber hinaus ein weitreichendes Programm zur sozialen Absicherung der gesamten Bevölkerung eingeführt. Zudem existieren etliche Beratungskliniken für Fragen zur Familienplanung. Aus psychologischen Gründen, um Tabus nicht allzu krass zu verletzen, wird dabei aber nie von »birth control«, also Geburtenkontrolle, sondern von »birth spacing«, dem »Vergrößern der Abstände zwischen den Geburten«, gesprochen.

Das diesem »Rückblick« zugrunde liegende Gespräch führte der Autor mit Donald Bosch, der mittlerweile verstorben ist, Mitte der neunziger Jahre.

Moho und die Reptilien von Ras al-Djins

Exkursionen in die Frühzeit der Erdkruste und der Evolution

Was für eine Landschaft! Ich bin am späten Mittag aus Muscat aufgebrochen und durchquere auf kurviger Strecke eine bizarre Felsszenerie: Eisenrot bis Kupfergrün, Gelb, Hellocker bis Dunkelbraun ... Entlang der Straße zu haushohen Kegeln getürmt und zum Horizont hin in Form mächtiger Wände scherenschnitthaft wie eine megalithische Bühnenkulisse gestaffelt, schimmert das Gestein in allen erdenklichen Schattierungen. Nach fünfzig Kilometern, im Wadi Sarin, erhebt sich rechter Hand düster und schroff Jebel Aswad – der »Schwarze Berg«, an dessen Abhängen die Regierung vor fünfzig Jahren schon ein Reservat zur Rettung des arabischen Tahr eingerichtet hat (siehe »Rückblick III«, Seite 100). Kurz danach schlängelt sich die Straße in Serpentinen dem Meer entgegen, liegt mir schließlich der einst für seine Salzgärten und Pferdezucht gepriesene, von den Portugiesen zerstörte Hafen Quriyat zu Füßen.

Den wiederauferstandenen Ort kennt man im ganzen Land für seine *Halwa*-Kocher. Sie sind für gewöhnlich nur morgens aktiv. Doch in einer Ecke des örtlichen, nicht sonderlich reizvollen Basars ist ein Nachzügler noch emsig zugange. In mehreren großen, vom Stockwerk darunter mit Holz befeuerten Kupferkesseln blubbert eine zähflüssige Zuckermasse – das künftige *Halwa*, bei dem mancher Omani, wenn er es zum *Qahwa*, zum Kaffee, nascht, ein regelrechtes Suchtverhalten entwickelt. Die gesamte Prozedur, erklärt mir der Mann und rührt dabei ohne Unterlass mit einer riesigen Schöpfkelle im dampfenden Brei, dauere zwischen zwei und vier Stunden. Um ein Verklumpen und Anbrennen zu verhindern, müsse man die Mixtur aus Wasser, Butterschmalz, Stärke und reichlich Zucker ständig in Bewegung halten. Gegen Ende werde das geleeartige Mus je nach Geschmack und Kundenwunsch mit Nüssen, getrockneten Früchten, Kakao, aber auch Safran oder Koriander versetzt. Als er mir schließlich mit klebrigen Fingern ein Würfelchen zum Kosten reicht, verstehe ich die süße Passion seiner Landsleute. Nur um die Füllungen meiner Zähne sorge ich mich ein wenig.

Auf der Rückfahrt glühen die Berge in der Abendsonne mit einer Intensität, als würde in ihrem Inneren noch Lava brodeln. Spätestens jetzt, nach diesem ersten Ausflug ins Hinterland der Capital Area, ahne auch ich als Laie, weshalb Geologen vom Oman als ihrem absoluten »Mekka« schwärmen und winters aus aller Welt scharenweise zur Feldforschung anreisen. Tags darauf wird mir Andreas Scharf in seinem Büro am Campus der Sultan-Qabus-Universität das Faszinosum aus Expertensicht näherbringen. Seit 2014 schon erforscht der Deutsche im Auftrag der omanischen

Regierung als Strukturgeologe, wie sich hierzulande im Laufe der Ären und Äonen unter dem Einfluss wechselnder Drücke und Temperaturen Gesteine bewegten und Gebirge entstanden. »Im Norden des Mittleren Osten«, beginnt Scharf und fährt mit dem Cursor auf seinem Großbildschirm im Satellitenbild von Google Earth den weiten Bogen von der Ägäis über Anatolien und Iran bis zum Himalaya entlang, »prallen Arabische und Eurasische Platte aufeinander. Hier falten sich heute noch Gebirge auf und bebt die Erde in Permanenz.« Der Oman sei von diesem tektonischen Mega-Crash noch weitgehend unberührt, sein Gebirge älter, daher stabiler und von Verfaltungen und Störungen wenig deformiert.

Im Schlamm der Ozeane versunkene, in der Folge erneut emporgedrückte Granitblöcke aus der Zeit vor siebenhundert Millionen Jahren, als die Erde angeblich ein einziger Schneeball und auch Arabien komplett vergletschert war; die Kegel von Schwarzen und Weißen Rauchern, hydrothermalen Tiefseequellen, deren Mineralabscheidungen Oman maßgeblich seine Kupfer- und Goldvorkommen verdankt; Eklogite – metamorphes, in achtzig Kilometer Tiefe subduziertes (abgetauchtes) und in der Folge erneut exhumiertes (aufgestiegenes) Gestein, blaugrün schimmernd und dicht mit leuchtend roten Granaten durchsetzt; oder auch der berühmte Ophiolit – jenes ozeanische Tiefengestein, das in grauer Vorzeit auf die Kontinentalkruste geschoben wurde und heute in Form schokoladebrauner, durch Verwitterung eingelagerter Minerale wie Emmentalerkäse durchlöcherter Felskegel speziell das Hinterland von Muscat oder auch die Gegend um den Sumail-Pass prägt … Die Vielfalt an seltenen Phänomenen versetzt die Herzen von Erdkundlern in heftige Wallung. Dies umso mehr, als hier dank des extrem trockenen Klimas kaum chemische Erosion stattfindet, keine Vegetation, kein Humus die Felsstrukturen verdeckt und durch den Bau vieler neuer Straßen zudem ständig jungfräulich-frische Vertikalschnitte entstehen, kurz: sämtliche Gesteine für jedermann frei sicht- und studierbar, optimal »aufgeschlossen«, wie es im Fachjargon heißt, zutage liegen.

Der spektakulärste Blick in ein solches paläogeografisches Fenster, schwärmt Scharf (und empfiehlt wärmstens, sich dieses Erlebnis keinesfalls entgehen zu lassen), biete sich im zentralen Hadjar-Gebirge. Dort, im Gebiet des Jebel Shams, habe sich vor fünfzig bis dreißig Millionen Jahren die Gesteinsdecke kuppelartig aufgewölbt. Der Scheitel dieses »Domes« sei in der Folge zu einem gigantischen Canyon erodiert. Von dem umliegenden Gipfelplateau könne man entlang der mehr als tausend Meter tiefen Wände die Entstehung des Berges anhand der verschiedenfarbigen Gesteinsschichten ablesen – einer Art Sandwichkuchen, dessen Alter vom Perm über Trias und Jura bis zur Kreide reicht.

Und noch eine letzte Besonderheit offenbart mein Gegenüber, nach so vielen Jahren vor Ort immer noch spürbar begeistert, aus seinem beruflichen Nähkästchen: die »Mohorovičić-Diskontinuität«, in

Seismologenkreisen liebevoll »Moho« genannt. Im Jahr 1910 entdeckte der kroatische Geophysiker Andrija Mohorovičić, dass sich die Laufgeschwindigkeit von Erdbebenwellen in bestimmten Gesteinsschichten bisweilen abrupt ändert. Und zwar, wie sich bei genauerer Untersuchung zeigte, im Grenzbereich zwischen Erdkruste und dem darunter gelegenen, schwereren Erdmantel. Während einander diese beiden Zonen überall sonst auf der Welt tief unter dem Boden der Ozeane berühren (eben diese Grenzzone taufte man Moho), tun sie es im Oman mancherorts, unmittelbar aneinandergrenzend, direkt an der Erdoberfläche. Wie das kam? Aus gewaltigen Spalten in der Kruste schoss in der Kreidezeit, vor plus minus hundert Millionen Jahren also, Magma empor, ergoss sich auf den Boden des Tethysmeeres, erstarrte und wurde gegen und schließlich über die Arabische Kontinentalplatte geschoben. Das Resultat: eine über Hunderte Kilometer gleichsam huckepack auf der Landmasse ruhende »ozeanische Lithosphäre«, auf der stehend man stellenweise (besonders eindrucksvoll etwa ganz nahe der Hauptstadt, in Al Khawd, oder westlich von Nakhl, im Wadi Al Abyad) tatsächlich mit einer Hand das weißlich graue, krustale und mit der anderen das tendenziell meist dunklere Mantelgestein befühlen kann.

Ortswechsel: Eine unvergessliche Nacht verbringe ich am Strand von Ras al-Djins. Allein die Anfahrt von Sur in Richtung dieses östlichsten Kaps der Arabischen Halbinsel ist ein Traum. Die Natur scheint auch diese Gegend zu einem Speziallabor für geologische Experimente erkoren zu haben. Gesteine in allen Formen und Farben säumen die Straße, die noch bei meinem ersten Besuch vor zwanzig Jahren eine Schotterpiste war – eine menschenleere Mondszenerie, modelliert mithilfe des hiesigen, überaus plastischen Abendlichts.

Am Ziel heißt es erst einmal warten auf die Dunkelheit. Gegen neun holt mich und eine Gruppe Gleichgesinnter ein Aufseher aus der Lobby des Camp-Hotels ab, kontrolliert die vorab gebuchten Tickets und leuchtet uns den Weg zum Strand. Die Ostküste Omans ist eines der weltweit wichtigsten Nistgebiete für Meeresschildkröten. Die Sandbuchten rund um Ras al-Djins werden jährlich von rund dreißigtausend Weibchen der Grünen Meeresschildkröte zur Eiablage aufgesucht. Der Küstenabschnitt steht seit 1989 unter Naturschutz und darf nur in Begleitung ortskundiger, vom Umweltministerium eigens ausgebildeter Ranger betreten werden. Während die Tiere an Land robben und sich in dem feinen Sand mit allen vier Beinen etwa fünfzig Zentimeter tiefe Mulden schaufeln, ist jede Irritation zu vermeiden. Kurz vor Beginn der Eiablage schaltet ihr Instinkt dann gleichsam auf Autopilot und kaum etwas kann sie mehr stoppen. Trotzdem: »Leise sein und Abstand halten!«, hatte Saud, unser Ranger-Guide, uns vorab eingebläut. Handys am besten ganz ausgeschaltet lassen! Denn frisch geschlüpfte Tiere orientieren sich, sobald sie sich durch den feinkörnigen Sand an die Oberfläche gekämpft haben, auf ihrem Weg ins rettende Meer am Licht der Sterne am Horizont und auch an den lumineszierenden Wellenausläufern. Künstliches Licht kann sie leicht fehlleiten und landeinwärts in den sicheren Tod krabbeln lassen. Fotos mit Blitzlicht sind deshalb ein absolutes No-Go.

Wir müssen warten, bis die Gruppe vor uns weiterwandert – heute Abend sind an diesem Strandabschnitt, man muss es sagen, mit mir geschätzt hundert schaulustige Touristen aus aller Welt unterwegs. Währenddessen gibt Saud Häppchen für Häppchen seines hier vor Ort in fünfzehn Jahren gesammelten Wissens weiter. Erzählt zum Beispiel, dass Meeresschildkröten zu den entwicklungsgeschichtlich ältesten Tieren der Welt zählen und sich seit hundert Millionen Jahren nicht wesentlich verändert haben. Dass ausgewachsene Exemplare der Grünen bis zu hundertvierzig Zentimeter lang und etwa ebenso viele Kilogramm schwer werden. Und dass die Spezies lange Jahre, weil als begehrte Suppeneinlage bejagt, vom Aussterben bedroht war, sich ihre Bestände jedoch jüngst dank der weltweiten Schutzprogramme merklich erholen. Auch Fragen dürfen wir stellen. Im Flüsterton bitte! Also will eine Frau wissen, wovon sich die Tiere ernähren (Antwort: vorwiegend von Seegras, aber etwa auch von Quallen), eine andere, wie viel Zeit vom Legen bis zum Schlüpfen vergeht (sieben bis acht Wochen), eine dritte wie viele der Schildkrötenbabys es bis ins Wasser schaffen (nur vier von tausend; und gar nur jedes tausendste wird die Geschlechtsreife erreichen). Und nachdem Saud erklärt hat, dass die Tiere von der Küste Omans bis nach Somalia und Indien, ja sogar bis Australien schwimmen, aber zur Eiablage wundersamerweise ausnahmslos wieder zum Ort, an dem sie selbst schlüpften, zurückkehren, überlegt ein Witzbold in breitem US-Slang laut, ob sie vielleicht einen GPS-Tracker eingebaut hätten. Nein, winkt Saud, Profi, der er ist, routiniert schmunzelnd ab: Sie orientierten sich, erklärt er, kraft ihres Magnetsinns am Magnetfeld der Erde. Fachleute vermuten, dass die Inklination der Feldlinien am Geburtsort durch Prägung dauerhaft gelernt wird.

Schließlich signalisiert ihm ein Ranger-Kollege rufend, der Weg sei nun für uns frei. Nach einer Weile vergeblichen Suchens winkt Saud uns zu sich. Im störfreien Licht seiner Infrarot-Taschenlampe erkenne ich einen gut einen Meter langen Panzer. Der Augenblick ist ehrfurchtgebietend: über mir das Firmament, im Rücken das Meer und eine tropisch warme Brise; vor mir ein vor Anstrengung leise schnaufendes Relikt aus evolutionären Urzeiten. Minutenlang beobachte ich, wie unter seinem Schwanz ein tischtennisballgroßes Ei nach dem anderen, an die hundert in Summe, in den warmen Sand plumpst. Dann ziehen wir uns diskret zurück. Demnächst wird das Tier mit den Hinterbeinen das Gelege zufegen, hernach noch, um Füchse & Co., all die notorischen Eierdiebe, zu täuschen, geduldig eine zweite, leer bleibende Fake-Mulde buddeln und schließlich seinen schwerfälligen Leib zurück in die Fluten schleppen.

Die nächsten zwei Stunden verbringe ich ein Stück weit landeinwärts andächtig sterneguckend. Um fünf Uhr Früh schließe ich mich im Rahmen des Dawn Turtle Watching erneut einer Touristentruppe an. Doch dieses Mal haben wir Pech. Die letzten Muttertiere müssen, die frischen Spuren im taunassen Sand beweisen es, vor wenigen Minuten erst das Wasser erreicht haben. Die Makellosigkeit des Strandes im Morgenlicht hilft dem Fotografen in mir, die Enttäuschung darob im nächsten Augenblick schon zu vergessen.

Von Stierkämpfen, Lehmburgen und Kupferminen

Erkundungen in der Batinah-Ebene und Omans Frühgeschichte

Nein, mit den umstrittenen Gemetzeln, wie man sie auf der iberischen Halbinsel bis heute zelebriert, hat dieses Spektakel nichts gemein. Auch wenn es unter dem Stichwort »Stierkampf« firmiert. Und auch wenn das Publikum die Geschehnisse hier in der bescheidenen, bloß von einem niedrigen Erdwall eingefassten Arena mit vergleichbarer Leidenschaft verfolgt. Hier, bei der omanischen Corrida, malträtiert kein Banderillo oder Picador die Tiere mit Spießen. Hier vollzieht kein Matador seinen berüchtigten Todesstoß. Nicht ein Mensch, sondern Tier gegen Tier treten hier gegeneinander an. Die Rolle des Zweibeiners beschränkt sich auf die eines Schiedsrichters. Und es fließt kein Tropfen Blut.

Es ist Freitag Nachmittag und ich bin unterwegs in der Region al-Batinah. Der Küstenstreifen nordwestlich der Capital Area ist berühmt für jene in der gesamten arabischen Welt einzigartigen animalischen Wettkämpfe, die man hier, von Sib über Barka bis hinauf in das Emirat Fujairah, an Wochenenden abhält. Schauplatz meines Lokalaugenscheins ist Marbella (dieser Ortsname, ausgerechnet!) und liegt nahe dem Internationalen Flughafen. Zwei-, dreihundert Zuschauer, Männer ausnahmslos, haben sich nach dem Besuch der Freitagsmoschee in dem Kreisrund eingefunden. Etwas abseits warten, durch keinerlei Barrieren voneinander getrennt, die stolzen Stierbesitzer mit ihren Schützlingen auf den großen Auftritt. Werden ihre Namen aufgerufen, führen jeweils zwei ihre über Nasenringe angeleinten Bullen in die Mitte des sandigen Platzes. Eine Zeit lang beäugen sich die beiden Tiere, scharren mit den Vorderhufen. Schließlich gehen sie mit gesenkten Köpfen aufeinander los. In eine Staubwolke gehüllt, versuchen sie mit ihren massigen Körpern unter Aufbietung aller Kräfte den Kontrahenten abzudrängen. Es folgt ein mehrere Minuten langes Geschiebe, Gepresse, Geschnaufe. Manchmal bäumen sich die Tiere in ihrer Rage derart auf, dass sie nur noch auf den Hinterbeinen stehen. Zuletzt wird eines der beiden durch Schiedsspruch zum Sieger erklärt. Das Unterlegene weicht dann zurück, wird an der Leine abgeführt oder trabt selbständig verdrossen davon. Nicht selten aber verkeilen sich die Widersacher mit den Hörnern ineinander. Dann versuchen eigens trainierte »Fänger«, sie mit wildem Gestikulieren und Geschrei zu trennen, indem sie lange Stöcke schwingen, sie an den Schwänzen oder mittels zuvor an die Hinterbeine gebundenen Seilen wegzerren. Bisweilen versucht ein Bulle auszubrechen und das Publikum wird von kurzer Panik erfasst. Doch die Tiere lassen sich stets schnell beschwichtigen. Was es nicht gibt, sind Preisgelder. Wetten sind in dem muslimischen Land ohnedies verpönt. Es geht einzig um den geselligen Zeitvertreib. Und ums Prestige. Die Resultate der Kämpfe finden sich tags darauf in der regionalen Zeitung abgedruckt.

Am Stadtrand von Barka besuche ich Bait Naaman, ein sonderbares, beeindruckendes Stück Architektur. Hoch aus einem Meer von Dattelpalmen aufragend, diente es erst als Plantagenhaus und um 1750 dann, mit Wehrmauern und -türmen ergänzt, Ahmad ibn Said, dem Begründer der Al-Bu-Said-Dynastie, als Raststation auf der Reise zwischen Muscat und Rustaq. Vor wenigen Jahrzehnten noch dämmerte das Gebäude mit zerbröselnden Mauern, ohne Fußböden und Decken als Ruine seinem endgültigen Zerfall entgegen. Doch dann wurde es, wie so viele Festungsanlagen des Landes, einer peniblen Restaurierung unterzogen, um seither als Schmuckstück omanischer Wehrarchitektur interessiertem Publikum offen zu stehen.

Besagtes Rustaq, etwa fünfzig Kilometer landeinwärts gelegen und die größte Oase der Region, spielte in der Geschichte des Inneromans eine Schlüsselrolle. Da sich von hier aus sowohl die Batinah als auch wichtige Zugangswege in das Jebel-Akhdar-Gebiet besonders gut bewachen ließen, verlegte schon der erste Imam der Yaruba-Dynastie Anfang des 17. Jahrhunderts seinen Regierungssitz hierher. Auch mehreren seiner Nachfolger und den beiden ersten Herrschern der Al Bu Said, darunter dem erwähnten Ahmad ibn Said, diente der Ort als Residenz. 1868 wählten die Stämme hier einen Imam als Gegenregenten zum Sultan. Erst 1955 kam Rustaq endgültig unter die Kontrolle Muscats.

An das schwere Holztor der Festung, die auf

einem mächtigen Felsen thront und im Kern noch aus sassanidischer, also hier persisch dominierter, vorislamischer Zeit stammt, hatte ich bei meinem Erstbesuch vor der Jahrtausendwende noch vergeblich geklopft. Inzwischen ist die Anlage picobello restauriert und lädt, vom kanonenbewehrten Vorhof über das Waffenlager, die Vorratsräume und Gefängniszellen bis zur burgeigenen Moschee und der *Majlis*, dem landesüblich nur mit Teppichen und Sitzkissen »möblierten« Empfangsraum, zur Besichtigung.

Auch das Innere al-Hazms, der kurzzeitigen Residenz jenes Yaruba-Imams namens Sultan ibn Saif, der sich um 1650 in die Geschichte einschrieb, indem er die Portugiesen sowohl von der omanischen als auch von der ostafrikanischen Küste vertrieb und den Aufstieg des Landes zur Handelsgroßmacht einleitete, ist seit Längerem schon fertig »beautifiziert«. Detto die Dritte im Bunde der großen Imam-Burgen am Südrand der Batinah – die Festung von Nakhl. Was hier wie dort abgesehen von der aufwendigen Renovierungsarbeit und der liebevollen Gestaltung des Interieurs angenehm auffällt: Beim Gang über die unzähligen Treppen und Terrassen in die Gemächer und auf die Turmdächer ist man völlig ungestört. Der einzige Aufseher der weitläufigen Anlagen hält stets unten an der Pforte das moderate Eintrittsgeld kassierend die Stellung. Noch vor einer Generation brauchte, wer die Festungen der Region betreten wollte, für jede Einzelne eine ministerielle Genehmigung, was einen Canossagang in eine Bürokratenburg der Hauptstadt erforderte.

Sohar, die berühmte, auf halbem Weg von Muscat zur Halbinsel Musandam gelegene einstige Seefahrermetropole, stellt in unserer urbanisierten Gegenwart den seltenen Fall einer Stadt dar, die in der Vergangenheit weit größer war, als sie heute ist. »Ihre kilometerlange Küste«, schrieb al-Muqaddasi im 10. Jahrhundert, »ist stets sehr geschäftig mit Hunderten von Schiffen, die prachtvollen Häuser sind aus Teakholz und Steinen gebaut, und es gibt einen Frischwasserkanal.« Zur Zeit des berühmten arabischen Geografen war Sohar mit zwölftausend Gebäuden der wichtigste Hafen der arabischen Halbinsel und einer der wohlhabendsten der Welt. Von hier aus trieben arabische, aber auch persische und jüdische Kaufleute Handel mit Ostafrika, Indien und dem Fernen Osten. Und seine Seefahrer – unter ihnen möglicherweise der märchenhafte Sindbad aus Tausendundeiner Nacht – waren wahre Künstler der Navigation. Nicht zufällig trug die Stadt den Beinamen »Tor nach China«. Wobei sie den zusätzlichen Vorteil genoss, an der Mündung des Wadi Djizzi zu liegen, jenes Seitentals, durch das die Karawanen von der Küste durch das Hadjar-Massiv nach Buraimi und weiter an die Gestade des Golfes zogen. Einen zusätzlichen starken Impuls bescherte ihrer Wirtschaft indirekt ein Erdbeben, das im Jahr 977 die bis dahin große Konkurrentin, die Hafenstadt Siraf an der persischen Golfküste, zerstörte. Denn deren Elite, die bis dahin den maritimen Überseehandel in der Region dominiert hatte, übersiedelte fast geschlossen nach Sohar und betrieb fortan von hier aus ihr so einträgliches Geschäft.

Das heutige Sohar verströmt ein nicht ganz so kosmopolitisches Flair. Mit seinen vielen gepflegten Grünanlagen und dem moderaten Klima erinnert es eher an ein mediterranes Kurstädtchen. Die Corniche mit ihrer weiß getünchten Häuserfront, dem frisch renovierten Fort, dem Büro des *Wali*, des Bezirksgouverneurs … All das wirkt fast übertrieben herausgeputzt, zugleich eher betulich, darf freilich nicht darüber hinwegtäuschen, dass Sohars Rolle als Industriestandort dank des Aufstiegs seines Hafens zum landesweit wichtigsten im Verbund mit einer Freihandelszone sowie einem florierenden Farm- und Fischereiwesen seit geraumer Zeit wieder wächst. Allerdings verwundert es nicht, dass an einem solch ökonomischen Brennpunkt auch Symptome von gesellschaftlichen Krisen deutlicher als anderswo zutage treten: Nicht zufällig war es die hiesige, gut organisierte Arbeiterschaft, deren Vertreter 2011, befeuert vom in der islamischen Welt allerorten ausgebrochenen Arabischen Frühling, als landesweit Erste auf die Straße ging. Sie demonstrierten gegen die in der Politikerkaste grassierende Korruption, für Maßnahmen zur Arbeitsplatzbeschaffung und eine bessere soziale Absicherung. Wobei die Proteste sich ausdrücklich nicht gegen die Person des Sultans richteten und trotz zweier Todesopfer relativ schnell im Sande verliefen.

Wesentlich zu Sohars längerfristiger ökonomischer Renaissance trägt übrigens die Tatsache bei, dass man die schon in der Antike bedeutsamen Kupferbergwerke im Hinterland seit den achtziger Jahren systematisch reaktiviert hat. Um Näheres zu diesem Thema und, damit in direktem Zusammenhang, über die archäologische Forschung auf omanischem Boden zu erfahren, ist Paul Yule die ideale Auskunftsperson. Als langjähriger Leiter der Deutschen Archäologischen Oman-Mission verfügt der gebürtige Amerikaner dank mannigfaltiger Grabungsaktivitäten vor Ort über reiche praktische Erfahrung. Man müsse wissen, leitet er unsere altertumskundliche Tour d'Horizon beim Gespräch in seinem Büro in Muscat ein, dass die Archäologie hierzulande gerade einmal ein halbes Jahrhundert jung sei. Sie stelle zudem insofern eine besondere Herausforderung dar, als keinerlei schriftliche Zeugnisse und auch kaum monumentale Architektur aus vorislamischer Zeit existierten. Als wichtigste Fundquelle dienten Gräber.

Schon 1980, erfahre ich, habe das Bochumer Bergbau-Museum südlich von Muscat, in den Wadis Samad und Maysar, eine mehr als zweitausend Jahre alte umfangreiche Totenstadt entdeckt. Wenig später wurde er, Yule, Grabungsleiter in Samad al-Shan und erforschte dort systematisch Hunderte Gräber aus der Epoche von um bis etwa 900 nach Christi Geburt. In der Folge habilitierte er sich über deren Inhalt, Keramiken, Pfeilspitzen, Schwerter, Dolche, Pferdegeschirre, Gefäße aus Bronze und Silber.

Einen Schwerpunkt der deutschen Archäologen – landesweit sind parallel Teams aus etlichen europäischen Ländern aktiv – bildet seit jenen Anfängen die frühgeschichtliche Kupferproduktion.

Das Gebiet des heutigen Oman war im Altertum unter dem Namen »Magan« bekannt und trug den Beinamen »Kupfer-« oder »Stollenproduktberg«. Es stellte schon das gesamte 4. Jahrtausend hindurch und am Anfang des dritten eine wichtige Zwischenstation für den Handel zwischen den sumerischen Stadtstaaten des Zwischenstromlandes und der Hochkultur am Indus, namentlich deren urbanen Zentren Mohenjo-Daro und Harappa, dar. In der Zeit um 2000 vor Christus holte man in Magan mehrere Tausend Tonnen jährlich aus dem Boden, bewältigte sowohl seine Verhüttung als auch den Transport zur Küste und weiter per Schiff übers Meer. Wenig später ging die Induskultur unter, deckte Mesopotamien seinen Kupferbedarf zunehmend aus den Vorkommen auf Zypern. Und das legendäre Königreich Dilmun, das heutige Bahrain, zu dem auch die Kuwait vorgelagerte Insel Failaka gehörte, lief Magan, das damals auch aus den sumerischen Quellen verschwand, als Station für den maritimen Zwischenhandel den Rang ab. Der Kupferabbau war es denn auch, der den Oman in das Blickfeld der archäologisch interessierten Weltöffentlichkeit brachte. Eine gewisse Publizität hatte diesem Thema ja zuvor schon Geoffrey Bibby mit seinem um 1960 veröffentlichten Buch »Auf der Suche nach Dilmun« verschafft, in dem viel vom »rätselhaften Kupferland Magan« die Rede ist.

Eine Chronologie der omanischen Urgeschichte hat mit dem Neolithikum zu beginnen (eine Altsteinzeit existiert hier nicht). Die frühesten bedeutsamen Funde stammen von Grabungen auf der Halbinsel Ras al-Hamra im heutigen Qurum, einem Villenbezirk im Westen von Groß-Muscat. Hier hauste, primitive Stein- und Knochengeräte sowie Reste riesiger Muschelhaufen belegen dies, bereits zwischen dem 7. und dem 3. Jahrtausend eine Kommune von Fischern. Um 3000 entwickelte sich dann unter anderem am Fuß des Jebel Hafit, nahe der Oase Buraimi an der heutigen Grenze zu den Vereinigten Arabischen Emiraten, die nach jenem Berg benannte Hafit-Kultur.

Charakteristisch für diese Periode, in der die hiesigen Menschen erstmals Metall gebrauchten, seien, erläutert Paul Yule und ist dabei unüberhörbar in seinem Element, die sogenannten Bienenkorbgräber – aus Steinen geschichtete Rundbauten, die in der Regel Platz für ein bis zwei Leichname boten und in verschiedenen Teilen des Mittel- und Nordoman gefunden wurden. Die größten Ansammlungen davon, regelrechte Nekropolen, stünden in Al Ayn, Al Khutm und Baat nahe Ibri und seien von der UNESCO 1988 schon zum Weltkulturerbe erhoben worden. Sie gehörten, erfahre ich, zur Hafit-, aber auch zur Umm-an-Nar-Kultur. Letztere sei nach der gleichnamigen Insel an der Küste Abu Dhabis benannt, wo man imposante Kollektiv-Gräber für jeweils über hundert Tote gefunden habe. Den Übergang zwischen diesen beiden Grabformen markierten die Turmgräber von Shir. Es ist eine Flur von an die siebzig bis zu acht Meter hohen Steinbauten, die dort Anfang der neunziger Jahre durch Zufall von einem Hubschrauberpiloten auf

Erkundungsflug auf einem schwer zugänglichen, zweitausend Meter hohen Plateau des östlichen Hadjar-Massivs erspäht wurden.

Auf Umm an Nar, was auf Arabisch »Mutter des Feuers« bedeutet, folgt die Wadi-Suq-Periode, die ihren Namen einem Fundort im Hinterland von Sohar verdankt. Sie dauerte etwa von 2000 bis 1200 und ist vor allem durch eine neue und schön bemalte Keramik sowie unterirdische Gräber gekennzeichnet, in denen Tote erstmals einzeln bestattet wurden. Aus der nachfolgenden Früheisenzeit, von der bislang nur wenige Zufallsfunde, und zwar kurioserweise aus Bronze, existieren, weiß die Fachwelt bedauerlich wenig. Deutlich mehr haben hingegen die erwähnten, von Yule geleiteten Grabungen der Samad-Zeit ans Licht gebracht. »Dank ihnen«, zieht der Experte rückblickend stolz Bilanz, »wissen wir, dass in dieser nach eben jenem Fundort benannten, etwa vom dritten Jahrhundert vor bis ins neunte nach Christus reichenden späteisenzeitlichen Epoche Edelmetalle, Seide und Schmuck aus dem Fernen Osten bis in diese Region gelangten. Wir wissen, dass es sich überwiegend um eine Bauernkultur handelte, die Datteln anbaute und Kleinvieh hielt. Und dass die Bewaffnung der Männer in der Regel aus Pfeil und Bogen sowie einem langen und einem kurzen Dolch bestand.« Wunderlich anmutende Ensembles von jeweils drei aneinandergereihten Steinen, sogenannten Trilithen, wiesen auf Naturgötterkulte hin.

Viel mehr, resümiert mein Gegenüber, habe die Archäologie über die letzten Jahrhunderte vor dem Auftauchen des Islam auf omanischem Boden allerdings bislang nicht herausgefunden. »Die Datierungsgrenzen verlaufen ziemlich unklar. Die Thesen über diverse Phasen jener Zeit sind mannigfach. Und über Vermutungen und wackelige Rekonstruktionen kommt die Wissenschaft kaum hinaus.« Fest stehe lediglich, dass Teile des Oman, vornehmlich die küstennahen, bis ins frühe 7. Jahrhundert unter persischer Vorherrschaft standen. Den nächsten offiziellen und exakten Anhaltspunkt stelle erst wieder 631 dar. Jenes Jahr, in dem ein Gesandter Mohammeds mit einem Brief des Propheten nach Sohar gelangt sei und in der Folge die neue Religion aus Mekka auch im Nordosten der Arabischen Halbinsel die Geschicke der Menschen zu bestimmen begann.

Höckerige Impressionen

Auf und ab durch die Wahiba Sands

Erste Fahrt ins Landesinnere. Größer könnte der Kontrast zur Capital Area nicht sein. Ich stehe hoch oben auf einer Düne am Rand der Ramlat al-Wahiba, jener rund fünfzehntausend Quadratkilometer großen Sandwüste, die im äußersten Osten des Nordoman das Hadjar-Gebirge vom Indischen Ozean trennt. Mein Gastgeber heißt Said Sultan Al-Bedri, ist Beduine und, so schätze ich, um die vierzig. Er gehört zum legendären Hauptstamm der Wahibis. Sein Clan, die Bedri, besteht aus mehreren Hundert Leuten. Said hat zwölf Kamele, acht Kinder, eine Frau und einen Pick-up Marke Toyota. Mit diesem Besitz zieht er mehrmals im Jahr, je nach Zustand der Weidegründe und Temperatur, näher an die Berge oder an das Wadi. Das *Barasti*, eine luftige Hütte aus Palmwedeln, unter deren Dach wir, bequem an Pölster gelehnt, auf Teppichen sitzen und genüsslich am Kardamomkaffee nippen, dient der ganzen Familie als Zufluchtsort vor der Mittagshitze und als Schlafstatt. Auf einem Holzbrett steht ein knallrotes transportables TV-Gerät, das von einer Autobatterie gespeist wird. Nachmittags kurven Saids Söhne mit dem Wagen eine halbe Stunde durch den Sand, um für das Hauptabendprogramm Strom zu erzeugen.

Said leidet eigentlich nicht an Existenzsorgen, doch sein Mangel an Geld ist chronisch. Er verdient es bei Gelegenheit als Fischer oder Fahrer oder durch den Verkauf einer Ziege, eines Schafes am nächsten Markt. Die meisten von Saids männlichen Verwandten verdienen sich ihr Brot nun, nach Ende der auch für die omanische Reisebranche desaströsen Corona-Epidemie, wieder als Führer organisierter Kameltrekkings oder als Angestellte in den immer zahlreicheren Touristencamps.

Kurz vor Sonnenuntergang begleiten wir Said und seinen ältesten Sohn zum Kamelfüttern. Die Suche nach den Fährten führt kreuz und quer durch die hundert und mehr Meter hohen, nun rot und immer röter leuchtenden Dünen. Jedes der einzeln in dem Sandmeer umherstaksenden Tiere – ihre Vorderbeine sind mit Stricken gehobbelt, um sie am zu weiten Ausbüxen zu hindern – bekommt als Zusatzkost eine Schüssel voll proteinreicher Pellets und *Seeh*, Dattelpaste, verabreicht.

Abends schlachtet man dem Gast aus der fernen Fremde zu Ehren ein Schaf. Noch während der Blutstrahl im Sand versickert, wird das tote Tier an einer Ecke der Wagenpritsche aufgehängt, ausgeweidet, zerlegt und landet – mit welch stupender Selbstverständlichkeit! – im Topf. Die Kinder sammeln inzwischen ein paar stachelige Zweiglein als Brennholz. Einen der Buben habe ich kurz zuvor noch beobachtet, wie er aus einem Nylonsack mehrere lebende Riesenheuschrecken fischte und sich lachend über das Gesicht krabbeln ließ. Jetzt hat er sein filigranes Spielzeug geröstet und zernagt es genüsslich zwischen den Zähnen.

Die Kunde, dass Said Gäste hat und ein Festessen veranstaltet, verbreitet sich – WhatsApp klappt auch in dieser entlegenen Region – wie ein Lauffeuer. Aus allen Richtungen tauchen über den Dünenkuppen die Zwillingslichter von Scheinwerfern auf. Schließlich scharen sich über zwei Dutzend Männer ums Lagerfeuer. Als ich sie fotografiere, amüsieren sie sich königlich über das Farbengewitter, das der Blitz auf ihrer Netzhaut hinterlässt. Immer wieder muss ich den Auslöser drücken. Ihre *Dischdaschas* scheinen danach jedes Mal zu phosphoreszieren. Die unbekümmerte Heiterkeit steckt an. Die Gemeinschaftsplatte, auf der sich eben noch knusprige Fleischstücke und Safranreis türmten, haben sie nach alter Beduinenart mit bloßen Händen binnen Minuten bis auf den letzten Krümel verputzt (die einst latente Sorge vor jähen Überfällen räuberischer Nachbarstämme steckt Wüstenbewohnern offenbar, obwohl die Zeiten längst friedliche sind, noch tief im Blut). Nun wird geschwatzt und geschwatzt. Der flackernde Feuerschein hat die Kamele angelockt. Schweigend strecken sie mir aus der Dunkelheit ihre Köpfe entgegen. Mit ihren wulstigen Lippen sehen sie, kokett mit den langen Wimpern klimpernd, einen Moment lang aus, als warteten sie auf einen Kuss.

Später lasse ich mich, gesättigt und müde, einfach rücklings fallen und starre in den unfassbaren Sternenhimmel. Noch haben Elon Musk & Co. ihn mit ihren blinkenden Satellitenkolonnen zum

Glück nicht entzaubern können. Ein kühler Wind wirbelt über das Lager. Aber die Glut wärmt. Es gibt auch ein Heimatgefühl ohne Grundbucheintragung. Die Städte und ihr Fortschritt sind galaxienweit entfernt.

Und doch: Die Männer an meiner Seite sind nicht mehr jene langmähnigen, unbändigen Gesellen, denen Wilfred Thesiger und Lawrence von Arabien begegneten. Bis auf ein paar ganz wenige sehr Alte können alle lesen und schreiben. Viele haben für ein paar Jahre Jobs in der Armee. Andere besitzen in den Oasen am Wüstenrand Gärten, in deren Nähe sie zur Erntezeit ziehen. Im Winter betreiben viele traditionelle Tierhaltung. Die Kinder gehen zur Schule. Für die Senioren wurden im Tal an den Hauptstraßen feste Häuser gebaut, in denen sie, umgeben vom Komfort der Sesshaften, ihren Lebensabend verbringen. Die Regierung liefert den Beduinen, wo es knapp wird, Wasser mit Tankwagen zu. Sie sorgt für Spitäler, Ausbildungsplätze und eine gewisse soziale Sicherheit.

Die Zahl der nomadisierenden Beduinen im gesamten Oman wird auf kaum noch mehr als hunderttausend geschätzt. Bei den Behörden sind um die fünfhundert Stämme registriert. Sie leiten ihre Herkunft von rund einem Dutzend Hauptstämmen ab. »Vor 1970«, erzählt mir Said, »war das Leben unsäglich schwer. Ganze Stämme gingen an Durst zugrunde. Mit den Nachbarn kämpfte man ununterbrochen um Brunnen, Kamele, Weidegründe.« Heute jedoch gebe es, den Reformen von Sultan Qabus sei Dank, ein verbindliches Rechtssystem und klare Reviergrenzen und für Notfälle einen staatlichen Schiedsrichter.

Am nächsten Morgen besuche ich ganz in der Nähe, in al-Qabil, ein Kamelrennen. Es ist das archaische Gegenstück zu jenen hochnoblen Hightech-Veranstaltungen, denen man in Abu Dhabi, Dubai, Doha oder Riyad beiwohnen kann. Ein Volksfest eher denn ein Wettkampf, vergleichbar in gewisser Weise mit dem sonntäglichen Fußballmatch in europäischen Dörfern. Eine schnurgerade Sandpiste. An ihrem Ende, kurz hinter dem Ziel, ein Drahtzaun, der die wie ferngesteuert, mit Schaum vor dem Mund galoppierenden Tiere zum Stehenbleiben zwingt. Und ein Erdhügel – der Treffpunkt für das p. t. Publikum, in das sich auch bunt gewandete Beduinenfrauen mischen. In dem Moment, in dem die Tiere am Start davonstieben, schwingen sich die Betreuer in ihre Geländewagen und rasen seitlich des Turfs wie verrückt hupend und brüllend im Pulk hinterher. Es ist ein Rennen neben dem Rennen. Die Männer haben freilich guten Grund, ihre Schützlinge anzufeuern: Neben der Ehre und den enthusiastischen Fans erwartet die Sieger am Ziel eine Gruppe von Kundschaftern aus den Golfstaaten. Und diese Talentscouts zahlen im Auftrag ihrer superreichen Scheichs für vielversprechende Jungtiere Preise, für die man einen fabrikneuen Luxus-SUV bekommt. Die Kamele der Wahibis und generell aus der Provinz Sharqiyah gelten als rasanteste Renntiere ganz Arabiens.

Im Alltag ist und mehr noch war das Kamel unverzichtbar, ergo der engste Freund der Beduinen.

Die bedingungslose, ja geradezu abgöttische Liebe zu den Vierbeinern ist nicht verwunderlich, bedenkt man, was der Mensch diesem »größten Geschenk Allahs« alles verdankt: sein Fleisch (das ungleich gesünder, weil cholesterin- und fettärmer als das vom Rind ist, mit zunehmendem Alter allerdings ziemlich zäh wird); seine Milch (die ebenfalls arm an Fett, dafür jedoch extrem reich an Vitaminen und Mineralien ist); seine Haare (aus denen sich Zelte und weiche, wärmende Decken machen lassen) und seine Haut (das Grundmaterial für unverwüstliche Ledertaschen, -gürtel und -sandalen sowie, neuerdings, sogar für luxuriöse Auto- und Flugzeugsitze); außerdem seinen Urin, einst Wundreiniger, und seinen Dung, der getrocknet bis heute als Brennmaterial dient. Zugleich garantierte das Kamel den Beduinen überhaupt erst ihre Kapitalkraft und Mobilität, ermöglichte in den Weiten der Wüste soziale Kontakte und den Aufbau von Herrschaftsstrukturen. Denn dieses wundersame Geschöpf kann in vierundzwanzig Stunden bis zu hundertfünfzig Kilometer weit wandern und dabei bis zu vierhundertfünfzig Kilogramm schleppen. Im Notfall gibt es sich mit ein paar Ästchen von holzigen Stauden oder einigen Büscheln trockenen Grases zufrieden. Und selbst in der ärgsten Sommerhitze kann es bis zu drei Wochen lang von den in seinen großvolumigen Mägen mitgeführten Wasserreserven zehren.

Für dieses beispiellose Ausdauervermögen, erklärt mir Tage später ein befreundeter Tierarzt in der Hauptstadt Muscat, gebe es mehrere Gründe. Einer ist, dass Kamele ihre Körpertemperatur jener der Außenluft anpassen können, um Transpiration und damit Flüssigkeitsverlust zu verhindern – von vierunddreißig bis dreiundvierzig Grad Celsius. Solch »Fieber«, das für alle anderen Säugetiere tödlich wäre, stellt für das Höckertier bei Wassermangel einen Normalzustand dar. Denn es hat in seinem Kopf eine Art Kühlanlage eingebaut. Wenn Menschen ausatmen, enthält dieser Atem Wasserdampf. Das dehydrierte Kamel hingegen vermag ihn mittels einer speziellen hygroskopischen Zellschicht in der Nase zurückzuhalten und damit die Blutgefäße, die das Gehirn und die Netzhaut der Augen versorgen, zu kühlen. Ein weiterer Trick der Natur besteht darin, dass Kamele ganz harte Kotballen absetzen. Sie besitzen im Enddarm Zellen, die den Exkrementen sämtliche Flüssigkeit entziehen, um sie in den Organismus rückzuführen. Ein Kamel, das unter Wassermangel leidet, uriniert zudem auch kaum – der Harn ist dann stark eingedickt, ja kristallisiert, was man an Hinterbeinen von Stuten bisweilen in Form weißlicher Streifen erkennen kann.

Eine zusätzliche Einzigartigkeit der Evolution seien, schwärmt der Veterinär voll der Bewunderung weiter, die extralangen Wimpern. Sie verhinderten, dass bei einem Sturm Sand in die Augen gerate. Um sich gegen die feinen Körner zu schützen, haben Kamele zudem Muskeln an der Nasenöffnung, mit denen sie diese komplett verschließen können. Aus demselben Grund haben sie ganz kleine Ohren. Und ihre Füße – Kameliden sind Schwielensohler, gehören zur Ordnung der Paarzeher, haben jedoch keine Hufe – sind so gebaut, dass sie sich beim Auftreten um ein Viertel verbreitern können. Die größere Fläche verhindert dann das Einsinken im Sand beziehungsweise im Fall der in Zentral- und Nordasien beheimateten, zweihöckrigen Trampeltiere im Schnee, sprich: verbessert die Geländegängigkeit entscheidend.

Im Reich der Dhaus

Sur und die Küste im äußersten Nordosten

Ein weiterer Morgen in der Provinz Sharqiyah. Es geht von Mintirib am Fuß der Wahiba das Wadi Batha entlang nach Osten, Richtung Meer. Ich begegne Pick-ups, die auf ihren Pritschen Beduinenkinder zur Schule führen, und herdenweise jungen Kamelen, denen ihre Herren ein Lauftraining verpassen. Beiderseits der erst vor wenigen Jahren asphaltierten Straße immer wieder Nomadenlager, Palmenhaine, Wanderdünen, vereinzelte Felskegel, stählerne Wassertanks und kleine Moscheen, die Reisenden als spirituelle Raststationen dienen. An einer Stelle entdecke ich in dem staubtrockenen Flussbett kreisrunde, von Erdaushub umkränzte Löcher. Es sind Schächte, die den Verlauf eines *Falaj*, eines alten unterirdischen Wasserkanals, anzeigen. Im sechsten Jahrhundert vor Christi Geburt von den alten Persern entwickelt und kraft Know-how-Exports wenig später schon auch im Oman gebaut, versorgten diese Meisterleistungen früher Ingenieurskunst seither Siedlungen und Felder mit frischem Quellwasser; und zwar als sogenannte Gravitationsleitung, also ohne Pumpen, nur mithilfe der Schwerkraft (Details zum Funktionsprinzip siehe S. 92/93).

Mehrere Tausend solcher archaischer Kanäle,

deren Abkömmlinge übrigens schon früh ihren Weg bis in Chinas Wüste Gobi und in der Gegenrichtung über Nordafrika bis nach Andalusien fanden, brachten im Inneroman Oasen und Siedlungen zum Blühen. Heute liegen sie, durch moderne Pipelines, die in solar- oder gasbetriebenen Anlagen entsalztes Meerwasser von der Küste landeinwärts leiten, zur Nutzlosigkeit verdammt, fast ausnahmslos trocken.

Apropos Wasser: Sinnenlabsal verspricht und deshalb ein Muss ist der Abstecher nordwärts an den Oberlauf des Wadi Bani Khalid. Dort, nahe der Ortschaft Moqal, in Sichtweite des Hauptkamms des östlichen Hadjar-Gebirges, liegt, von mehreren Quellen gespeist, eine ganze Reihe von Süßwasserbecken in die Landschaft gestreut. Und die haben sich in jüngsten Jahren zu einem touristischen Hotspot ersten Ranges gemausert. Entsprechend heillos ist das Asphaltsträßchen, das in engen Kurven mäandernd das Tal hochführt, an Wochenenden gegen sein Ende hin vollgeparkt. Entsprechend hoch ist dann auch die Dichte an Ausflüglern, in deren Pulk ich den folgenden, kurzen Fußmarsch flussaufwärts absolviere. Selbst schuld, wenn ich mir einbilde, diese Spritztour just an einem Freitag, dem muslimischen Sonntag, unternehmen zu müssen. Am Ziel freilich verläuft sich die Menge rasch. Und ich finde mich in einer Bilderbuchkulisse wieder, die ohnehin alle Bedenken schlagartig vertreibt: Vor mir hingebreitet lädt, in eine spektakulär schroffe Felsszenerie gebettet und von Palmen beschattet, ein ausgedehnter Naturpool zum

Schwimmen. Sein Wasser schimmert türkisgrün, ist kristallklar und wohlig warm, sein Ufer rundum frei zugänglich. Es gibt Klippen, von denen Burschen um die Wette springen. Etwas oberhalb und zurückversetzt hilft ein Lokal, etwaige Durst- und Hungergefühle zu stillen. Und in manch entlegenerer Bucht nehmen sich einzelne Damen sogar die kleine Freiheit heraus, setzen sich, ganz diskret, versteht sich, über das örtliche Gebot, sich von Kopf bis Wade züchtig zu verhüllen, hinweg und baden – huch, im Bikini.

Weiter meerwärts, rund um die beiden Oasen Bilad Bani Bu Hasan und Bu Ali, durchquere ich dann einen, wenn auch schütteren, so doch regelrechten Wald. Er ist Teil eines der Wahiba-Wüste vorgelagerten grünen Bandes, der Woodlands, die ihre Existenz den periodischen Fluten des Bani Khalid, originär also jenen Wolken verdankt, die winters an den Zweitausendern des Hadjars abregnen. Die Vegetation besteht vornehmlich aus Akazien, Tamarisken und Ghaf-Bäumen, einer Prosopis-Art, die ihre Pfahlwurzeln dem Grundwasser etliche Meter tief entgegenzutreiben vermag. Ihre wächsernen Fiederblättchen, erklärt mir eine Zufallsbekanntschaft beim Tee an einer Tankstelle, ein Ethnologe aus Norwegen, der monatelang unter den Wahibis gelebt hat, können Nebel und Morgentau in einem Prozess der invertierten Transpiration direkt aus der Luft aufnehmen. Weshalb diese kostbaren Lieferanten von Schatten, Futter, Bau- und Brennholz selbst mehrere Jahre ohne Regen überdauern.

Die Küstensiedlung al-Ashkhara wirkt nicht

sonderlich einladend. Weiße, weitgehend schmucklose Häuser sind clusterartig in den Sand gesetzt. Der Strand ist schier endlos und fast menschenleer, jedoch überwiegend kieselig. Im zentralen Hafen freilich herrscht emsiges Getriebe – an Bord der traditionellen Holzboote mit ihren weißen, weit auskragenden Bugen oder ihren modern-schnöden Verwandten aus Polyester ebenso wie auf der Mole, wo die Fischer, nicht wenige mit martialischen Tranchiermessern bewehrt, beherzt um die frischen Fänge feilschen. Bestimmte seltene Arten von Fischen würden, erklärt man mir, von Stammkunden zwei Wochen im Voraus geordert. Was mich hier, wie überall an Omans Ostküste, erneut frappiert, ist die enorme Vielfalt und Menge an Schuppengetier. Hai, Schwertfisch, Muränen und Rochen sind hier keine Seltenheit, Thunfisch und Königsmakrele Teil des Standardangebots. Einschlägige Studien nennen den Mineralreichtum des Küstengebirges als Grund. Trotzdem bemerke ich einen Behördenvertreter, der, etwas abseits stehend, die Fangmengen in einer Liste vermerkt. Das globale Phänomen der Überfischung ist in omanischen Hoheitsgewässern noch kaum Thema. Im Gegenteil: Nach offiziellen Angaben vervierfachte sich entlang der mehr als dreitausend Kilometer langen Küste die Fangmenge seit 2016 in Summe auf über eine Million Tonnen. In Duqm, auf halbem Weg zwischen Sur und Salalah, in dessen Zukunft als Ölhafen und Sonderwirtschaftszone die Regierung massiv investiert, eröffnete jüngst eine riesige Fischfabrik. Etliche Mehrzweck-Fischereihäfen sind geplant oder in Bau. Auch den Ausbau von Aquakulturen treibt man ambitioniert voran.

Ähnlich hoffnungsfroh und voller Tatkraft blicken die Omanis übrigens auf die Agrarproduktion insgesamt: Deren Steigerung gehört, wie der Ausbau des Fischereisektors, zu Omans prioritären Entwicklungszielen. Die Abhängigkeit von Nahrungsmittelimporten soll, analog zum anhaltend hohen Wachstum der Bevölkerung, sinken (die, 1950 noch eine knappe halbe Million, 2050 laut seriösen Prognosen 6,3 Millionen Menschen betragen wird). Dabei befindet man sich auf gutem Weg. So wuchs die landwirtschaftliche Nutzfläche landesweit in den letzten zehn Jahren um über zwei Drittel (auf knapp fünf Prozent der Landesfläche) und die Menge der erzeugten Agrargüter gar um über hundertfünfzig Prozent (auf mehr als drei Millionen Tonnen). Schon versorgt sich das Sultanat etwa zur Hälfte mit Nahrungsmitteln selbst – eine Quote, von der alle anderen fünf Länder des Golfkooperationsrates (GCC) nur träumen können.

Eindrucksvolles Zeugnis für die Fruchtbarkeit des omanischen Bodens, die Präsenz von ausreichend Wasser vorausgesetzt, liefern weiter nördlich Wadi Tibi und Wadi Shab. Die zwei Talschluchten, die das zentrale Massiv des östlichen Hadjar-Gebirges zum Meer hin entwässern, sind grüne Paradiese, deren schattige Limonen-, Mango- und Dattelhaine zu ausgedehnten Spaziergängen laden. Deretwegen und dank der wildromantischen Kulisse aus Hunderte Meter hohen Felswänden und glasklaren, da und dort zu malerischen Teichen gestauten Bächen, bilden die beiden die landschaftlichen Hauptattraktionen jenes Küstenabschnitts südöstlich der Capital Area.

Keine zwanzig Autominuten weiter passiert man die Küstensiedlung Qalhat. Von der einst blühenden historischen Stadt, über die Marco Polo und Ibn Battuta begeistert schrieben, sind nach verheerenden Erdbeben und der Heimsuchung durch die Portugiesen nur mehr Fragmente erhalten. Einzig aufrecht stehendes Relikt ist das sogenannte Mausoleum der Bibi Maryam. Der 1329 errichtete, längst zur Ruine verkommene und für Besucher leider nicht zugängliche Kuppelbau soll die sterblichen Überreste seiner Namenspatronin geborgen haben – der Gemahlin des seinerzeitigen Königs von Hormuz, die in direkter Linie von Ali, dem vierten Kalifen, abstammte. 2018 wurde Qalhat mit dem zierlichen, aus Ziegeln geschichteten und kunstvoll dekorierten Kubus im Zentrum trotz dessen desolaten Zustands von der UNESCO zur Weltkulturerbestätte geadelt. Das vegetationslose, weiträumig von einem doppelten Mauerring umgrenzte Gelände, das auch ausgedehnte Nekropolen umfasst, biete, so die deutsche UNESCO-Kommission, »einzigartige archäologische Zeugnisse des Handels zwischen der Ostküste Arabiens, Ostafrika und Indien bis hin nach China und Südostasien«.

Sur, Omans einstiger Ostafrika-Hafen Nummer eins und bis heute mit gut achtzigtausend Einwohnern der bei Weitem größte Ort der Sharqiyah, lohnt aus mehreren Gründen einen ausführlichen Stopp. Das Gros der Neustadt wirkt auf den ersten Blick eher gesichtslos. Freilich zeugen an ihrem Rand, vor allem dem in Richtung der Landspitze Ras Al Hadd, ausladende, luxuriöse Villen vom auch hier erneut wachsenden Wohlstand. Die beiden örtlichen Festungen Sunaysilah und Bilad Sur, die unter Militärverwaltung die längste Zeit gesperrt waren, hat man aufwendig restauriert und zugänglich gemacht. Der zentrale *Souq*, im Stadtteil Nimah gelegen, erweist sich, weil nie radikal modernisiert, was Ambiente, Atmosphäre und Gruppierung des Warenangebots betrifft, als einer der ursprünglichsten des Landes. Eine regelrechte Zeitreise zurück in die Vormoderne unternimmt man in den historischen Stadtteilen As Sahil und Al Ayjah: In ihren verwinkelten, bis heute sandbedeckten Gassen stößt man noch auf etliche mehrhundertjährige Kaufmannshäuser aus Korallen- und Kalkstein mit kunstvoll geschnitzten Holztüren.

Die Portugiesen sahen Anfang des 16. Jahrhunderts, weil sie ihm keine Bedeutung beimaßen, von der Zerstörung Surs ab. Worauf es Qalhat beerbte und zum zentralen Handelsplatz der Ostküste aufstieg. Die Briten beraubten es dreihundert Jahre später, als es in voller Blüte stand, seiner wichtigsten Einnahmequelle, des Sklavenhandels. Und die strenggläubigen Wahhabiten aus Saudi-Arabien haben es kurz darauf in einer Art Missionskrieg verheert. Die Folge: Es versank in Provinzialität.

Hauptattraktion der Stadt ist zweifelsohne die Lagune, der Creek, auf Arabisch Khor al-Batah. Im seichten Wasser dieses natürlichen, allmählich versandenden Meeresarms – dessen Eingang übrigens ein hoher Leuchtturm markiert und seit 2009 eine spektakuläre, vom österreichischen, im Oman vielseitig tätigen Baukonzern Strabag errichtete Hängebrücke überspannt – ankern nach wie vor eine Handvoll *Dhaus*. Von hier pflegten noch Mitte des 19. Jahrhunderts, als Sur eine Flotte von über hundert hochseetüchtigen, hölzernen Frachtschiffen besaß und die British India Steam Navigation Company mit ihren modernen Dampfschiffen diesen im Warentransport zwischen den Häfen am Golf und am Subkontinent noch nicht den Rang abgelaufen hatte, Omans Fernhändler in See zu stechen. Dabei steuerten sie regelmäßig etwa Aden und Dschedda, Dubai und Kuwait, Lamu, Mombasa und Bagamoyo an, aber auch Inseln wie Pemba, Sansibar und Madagaskar sowie im Osten Karachi und Bombay, ja sogar, kaum zu glauben, Brunei, die Philippinen und Kanton, das heutige Guangzhou. Hier war im fünfzehnten Jahrhundert der Meisternavigator Ibn Majid zu Hause, der ein Handbuch verfasste, mit dem man heute noch problemlos den Kurs von Sur bis nach Fernost setzen kann, und der als Lotse Vasco da Gama die Route nach Indien gezeigt haben soll. Und von hier segelte auch der Ire Timothy Severin 1980 mit seiner »Sohar«, einer originalgetreu ohne Nägel rekonstruierten *Dhau*, Richtung Südchina los, um zu beweisen, dass Seereisen, wie sie Sindbad und dessen Zeitgenossen angeblich vor tausend und mehr Jahren mit solchen Gefährten unternahmen, tatsächlich möglich sind.

Noch auf meiner ersten Oman-Reise hatte entlang der flachen Ufer nahe der Lagunenmündung emsiges Treiben geherrscht. Von den damals gut fünfzehn *Dhau*-Werften hat eine Einzige bis heute überlebt. Ihre Besichtigung gleicht einer Zeitreise ins Mesozoikum des Bootsbaus: Unter freiem Himmel stapeln sich Stämme, Latten und Pfosten – es ist vorrangig inländisches Akazienholz und Teak aus Burma – zu einem überdimensionalen und wirren Mikado. Im angrenzenden Schuppen kreischt eine altertümliche Kreissäge. Zum Wasser hin lehnen drei, vier hölzerne Rümpfe auf Kiel im Sand. Ein Zimmermann hämmert spargellange Nägel in Bretter, ein anderer beschnitzt einen künftigen Steven mit kunstvollen Mustern. Zwei Männer befreien die Außenhaut eines alten Bootes mittels Stemmeisen von Algen- und Muschelbelag. Ein Kollege dichtet die Planken, indem er grobfasrige Baumwolle in ihre Ritzen stopft. Im Anschluss wird er sie mit einer Art heißem Öl – dem Tran erhitzter Haifischleber, wie ich später erfahre – abdichten. Keine Frage: Hier huldigt man noch kompromisslos dem Prinzip Handarbeit.

Seit 1730 befindet sich die Werft im Familienbesitz, erklärt mir Seniorchef Dschuma Hassun al-Araimi stolz. Zwei Dutzend Mitarbeiter, Südinder allesamt, beschäftigt er und zeigt sich nach Jahren der Auftragsflaute erfreut über die jüngste »Mode« unter Investoren, zwecks touristischer Nutzung wieder vermehrt den Bau traditioneller Boote zu beauftragen. Seine zwei Söhne stehen in den Startblöcken, um den Staffelstab zu übernehmen. Der Weiterbestand des Betriebes ist also gesichert. Und das, obwohl sich der Staat jeglicher Unterstützung enthält. Als Zeichen der Zuversicht und gegen das Vergessen hat die Familie auf dem Werksgelände mit enormem Aufwand und ebensolcher Liebe zum Detail ein Museum eingerichtet. Thema: die Geschichte und Gegenwart, Bauweise und Nutzung der *Dhaus*. Beim Gang entlang der reich mit historischen Bild- und Schriftdokumenten bestückten Vitrinen, der zahlreichen Werkzeuge, Materialproben, 3-D-Modelle, erschließt sich dem Besucher – Touristen sind herzlich eingeladen, sich nach Lust und Laune auf dem Firmengelände umzusehen – ein kulturgeschichtlicher Kosmos sondergleichen.

Laien, erzählt mein Gastgeber und lächelt milde, neigten dazu, jedes größere arabische, aus Holz gezimmerte Wassergefährt als *Dhau* zu bezeichnen. Doch Kenner unterscheiden je nach Form und Funktion vielerlei Bootstypen. Von den vorwiegend für küstennahen Fischfang verwendeten Modellen *Baden* und *Jalibut* über die früher vor allem zum Perlentauchen gebrauchte *Sanbouq* und den Küstensegler *Battil* bis zur *Boum*, der im Überseeverkehr eingesetzten Standardversion, und ihrer Vorgängerin namens *Baghla*. Die imposanteste, weil größte und am reichsten mit Schnitzwerk verzierte Ausführung von allen sei die *Ghanja*. Ein kolossales Exemplar. Letzterer bildet denn auch das Highlight der Werftbesichtigung. Wie ein gestrandeter Wal liegt es, durch ein archaisches Holzgerüst gestützt, aufgedockt im Sand. Erklimmt man auf steiler Leiter sein haushohes Heck, kann man ins Innere des Schiffsbauchs spähen – ein halb fertiges Skelett aus Spanten von gewaltigen Dimensionen.

Ob ich die »Fatah al Khair« schon gesehen hätte, fragt mich Herr al-Araimi zuletzt. Nein? Die Geschichte dieser mit ihrer Länge von mehr als zwanzig Metern und Verdrängung von dreihundert Tonnen majestätischsten aller noch erhaltenen *Ghanjas* kenne, höre ich, in Sur jedermann. Der Schiffskoloss sei 1910 hier am Creek gezimmert worden und verdanke seine Rettung einer außergewöhnlichen Bürgerinitiative: Anfang der Neunziger hat die einheimische Bevölkerung den Kaufpreis in einer Sammelaktion zusammengetragen. Hernach holte ein berühmter Kapitänsveteran das altersschwache Schiff aus seinem langjährigen Heimathafen, dem südjemenitischen Aden, an die Stätte seiner Entstehung zurück. Heute kann man es, von Grund auf mustergültig restauriert, unweit der Werft, am Rand der Lagune, im Freiluftbereich des Maritime Museum aufgedockt, bestaunen.

Rückblick II: Enge Bande zu Ostafrika

Der Diplomat Sheikh Farid Bin Mbarak Al-Hinai plaudert über Karriere und Familiengeschichte

Ich bin einer jener Omanis, die, wie auch schon ihre Eltern, in Ostafrika geboren wurden und erst nach 1970 in den Oman zurückgekehrt sind. Meine Vorfahren stammen aus dem Dorf al-Hamra bei Nizwa und wanderten wie viele Landsleute ihrer Generation Anfang des neunzehnten Jahrhunderts nach Ostafrika aus, um dort das Land zu besiedeln und Handel zu treiben.

Zum Herrschaftsgebiet Said ibn Sultans, des damaligen Sultans, der zwischen 1804 und 1856 wechselweise in Muscat und auf Sansibar regierte, zählte auch Mombasa und ein weiter Teil der angrenzenden Küste. Die Region wurde von der britischen Regierung als Protektorat, nicht als Kolonie betrachtet. Deshalb waren alle Bewohner durch britisches Recht geschützt. Jene omanischen Ursprungs brauchten für Reisen zwischen hier und Muscat keine Visa, keine Pässe, bloß Identitätskarten. Als Sultan Said starb, hinterließ er zwei Söhne, die über die Erbfolge in Streit gerieten. Und so kam es 1861 zur Teilung in zwei eigenständige Sultanate – Oman und Sansibar.

Mein Vater erblickte auf Sansibar das Licht der Welt, übersiedelte später mit meiner Mutter nach

Mombasa und zeugte dort vierzehn Kinder. Er war im Dienst der arabischen Zivilverwaltung tätig, die in der Hand der Omanis lag und dem Sultan von Sansibar unterstand. 1948 wurde er *Wali*, also Generalgouverneur für die gesamte Küste. Zudem diente er den Briten für ganz Kenia als Berater in arabischen Angelegenheiten. Ihm unterstellt waren mehrere Bezirksgouverneure und, eine Ebene darunter, arabische Administratoren. Parallel dazu hatten auch die Briten ihren *Wali* – den District Commissioner. Seine Behörden verhandelten mit den Arabern und den einheimischen Afrikanern vor allem über Konflikte um Landbesitz. Gravierendere Probleme waren dann Sache der höheren Gerichte in Mombasa beziehungsweise des Berufungsgerichts in Nairobi. Rein islamische Fragen, etwa Heiraten oder Erbrecht, wurden vom *Wali* oder von den *Scharia*-Richtern in Mombasa behandelt.

Die wirtschaftlichen Bande zwischen Muscat und Sansibar waren seinerzeit überaus eng. Der Seehandel mit Ostafrika war die wichtigste Einnahmequelle des Oman. Die *Dhaus* segelten mit Gewürzen, getrockneten Limonen, Datteln, mit Perserteppichen und vielem mehr nach Süden. Sechs Monate später, wenn der Monsun gedreht hatte, fuhren sie mit Elfenbein, Rhinozeroshorn, Mangrovenholz zum Bauen, aber auch mit Sklaven als Fracht in die Gegenrichtung. Die Briten zahlten dem Sultan von Sansibar lange Zeit hindurch zwanzigtausend Pfund im Jahr, unter anderem auch dafür, dass er ihre Schiffe den Hafen von Mombasa benutzen ließ.

Ursprünglich waren weit über hunderttausend Omanis in Ostafrika eingewandert, darunter viele Söldner aus Belutschistan, die der Sultan vor der Teilung des Landes mit der Bewachung der von den Portugiesen übernommenen Festungen beauftragte. Der wirtschaftliche Aufschwung lockte auch viele Afrikaner von umliegenden Inseln und aus dem Landesinneren an.

Ich selbst kam 1937, im Alter von sieben, in ein Internat nach Kairo. Etliche Jahre zuvor hatte die britische Regierung eine Gruppe hoher ägyptischer Würdenträger und Mitglieder der Wafd-Partei, unter ihnen den späteren Premierminister, ins Exil auf die Seychellen verbannt. Auf deren Rückweg in den Norden hatte mein Vater sie in Mombasa bei sich aufgenommen und bewirtet. Als er später auf der Reise nach England durch Kairo kam, nahmen sie ihm freundlicherweise das Versprechen ab, dass, wenn er jemals einen Sohn haben sollte, er diesen in ihrer Obhut erziehen lassen würde. So landete ich im Victoria College, einer Eliteschule am Nil, die viele spätere Weltberühmtheiten hervorbrachte. Zu meinen Kommilitonen zählten unter anderen Omar Sharif, Adnan Kashoggi, Jordaniens König Hussein sowie zahllose Prinzen aus Kuwait und Saudi-Arabien. Schon damals, als Knirps, wurde ich an das Diplomatenmilieu mit all seinem Pomp und seiner Etikette gewöhnt. 1948 schickte mich mein Vater nach Oxford, wo ich Literatur und Geschichte, vor allem aber Rechtswissenschaften und, als Vorbereitung auf den Beruf eines Diplomaten, Völkerrecht studierte. Im Oman herrschte, wir sprechen hier von den fünfziger Jahren, noch tiefstes Mittelalter.

Als mein Vater 1959 starb, ging ich, der älteste Sohn, zurück nach Kenia und bekleidete mehrere Beamtenposten. 1963 wurde ich zum Protokollchef ernannt, der das Zeremoniell und die Festivitäten rund um die Proklamierung der Unabhängigkeit vorbereiten helfen sollte. 1964, die Republik war mittlerweile Wirklichkeit und Jomo Kenyatta ihr erster Präsident, wurde ich zum Protokollchef der gesamten Regierung.

Sechs Jahre später bestieg Sultan Qabus den Thron und rief alle Landsleute im Ausland auf, in ihre Heimat zurückzukehren und beim Aufbau zu helfen. Viele Omanis, vor allem die Gebildeten, hatten ja längst in benachbarten Golfstaaten, aber auch in Beirut, in Indien und vor allem in Ostafrika Wurzeln geschlagen. Sie folgten mehrheitlich dem Ruf. So, von meinen Verwandten im Oman in zahlreichen Briefen dazu bestärkt, auch ich. Das erste knappe Jahr arbeitete ich als Assistent eines Protokollchefs und lernte auf diese Weise meine neue Heimat kennen – eine Unumgänglichkeit, um sie fortan im Ausland sinnvoll vertreten zu können. Im Anschluss kam ich das zweite Mal als Botschafter nach Bonn, hierauf nach Washington und schließlich für drei Jahre nach Peking. 1990 starb meine Frau. Schon kurz zuvor hatte ich alle Ämter zurückgelegt.

In den Jahren, in denen ich für den Oman tätig war, lag unser aller Bestreben vor allem darin, dem Land auf der internationalen Bühne einen Platz zu verschaffen, ja, es überhaupt einmal bekannt zu machen. Wir hatten erst Repräsentanten auszubilden. Danach entsandten wir Delegationen zu möglichst vielen Konferenzen. Wir knüpften Kontakte in alle Welt, luden ausländische Journalisten ein, um ihnen das Land zu zeigen. Unter anderem produzierte *National Geographic* damals seine erste Reportage über den Oman. Zugleich ging es darum, dem Land die Mitgliedschaft in den großen internationalen Organisationen wie etwa den Vereinten Nationen, der Weltbank, dem Währungsfonds und so weiter zu sichern.

Unser großes Glück bei all diesen Bestrebungen war die Weitsicht unseres Sultans. Ihm ist zu einem Gutteil zu verdanken, dass der Oman heute als friedliebende und völkerverbindende Kraft im Bewusstsein der Weltöffentlichkeit verankert ist. Ein Beispiel: Nachdem wir unseren Konflikt mit dem benachbarten Jemen gelöst hatten, weidete er sich nicht etwa an den Problemen zwischen dessen südlichem und nördlichem Landesteil, sondern war bestrebt, auf diplomatischem Wege zu helfen (wenn auch leider mit geringem Erfolg). Auch im Konflikt um Palästina schaltete er sich vermittelnd ein. Ich persönlich glaube zudem, dass er auch ursprünglich die Idee zum Golf Cooperation Council (GCC), dem »Rat der Golfanrainerstaaten für Zusammenarbeit«, hatte. Auch wenn man später das Verdienst dafür im Wesentlichen Saudi-Arabien anrechnete.

Das diesem »Rückblick« zugrunde liegende Gespräch führte der Autor mit Sheikh Farid Bin Mbarak Al-Hinai, der mittlerweile verstorben ist, Mitte der neunziger Jahre.

Wo das spirituelle Herz des Landes schlägt

Unterwegs in Nizwa und auf dem »Grünen Berg«

Ein weiter Sprung ins Hinterland: Es ist Freitagmorgen in Nizwa, dem historischen Zentrum des Inneroman, und sein *Souq* brummt vor Betriebsamkeit. Bevor der Geist der mutwilligen Verschönerung auch in dieser altehrwürdigen Stadt einzog, war ihr Markt im ganzen Land für sein malerisches Kolorit bekannt. Doch auch die *Souqs* von Nizwa wurden, mit Ausnahme eines winzigen, mittlerweile desolaten Restes, generalrenoviert oder ganz neu erbaut. Die einzelnen Branchen – von den Gemüsehändlern bis zu den legendären Silberschmieden – sind höchst proper in verschiedenen Gebäudetrakten voneinander getrennt, die Wege gepflastert, die Lebensmittelabteilungen gekachelt. Es gibt Klimaanlagen und hydraulische Türen, »Lieferanteneingänge«, einen »Erste-Hilfe-Raum« und sogar Verbotstafeln, die denjenigen, die auf den Boden spucken, eine schmerzhafte Geldstrafe androhen. Und all dies ist in arabischen und lateinischen Lettern beschriftet.

Kennt man die großen archaischen Basare des Orients, ist man angesichts solcher Funktionalität und Sauberkeit im ersten Moment geneigt, die Nase zu rümpfen; vermisst das von dort gewohnte chaotische Durcheinander, das so verstörende wie sinnbetörende Flair aus Lärm, Schmutz und Gerüchen, zudringlichen Blicken und Gesten. Doch bei näherer Betrachtung stellt sich die Frage: Warum eigentlich? Die Lebensmittel sind hier nicht, wie vielerorts sonst auf diesen Breitengraden, von Fliegen umschwärmt, die Schuhe selbst nach ausführlichem Bummel sauber. Auch wird man nicht von Schleppern und öligen Schwätzern (»Only gucken!«) attackiert. Und wo es muss – bei der Fisch- oder Dattelversteigerung etwa, oder freitags früh beim Feilschen um Rinder, Schafe, Ziegen auf dem großen Viehmarkt –, bricht sich das südländisch-arabische Temperament ohnehin Bahn.

Das topografische und auch politisch-historische Zentrum der Stadt ist ihr Fort. Es wurde um 1660 in nur zwölf Jahren auf Geheiß von Sultan bin Saif errichtet, jenem ersten Imam der Ya'aruba-Dynastie, der die portugiesischen Besatzer endgültig aus dem Land vertrieb und Oman mit dem Aufbau einer großen Kriegs- und Handelsflotte als eine der führenden See- und Wirtschaftsmächte im Indischen Ozean etablierte. Der neulich von Grund auf sanierte Komplex besteht aus zwei Bereichen: der ehemaligen Residenz und einem kolossalen, zylindrischen Kanonenturm. Sechsunddreißig Meter im Durchmesser und dreißig Meter hoch ist Letzterer, und mit seinen ursprünglich zwei Dutzend Geschützen, den steilen Zickzacktreppen sechs schweren Toren, Fallgruben und Gussschächten, durch die man Angreifer mit kochendem Dattelsirup empfing, ein Paradebeispiel fortifikatorischen Raffinements. Seine innen bis auf halbe Höhe mit Stein und Lehm aufgeschüttete Plattform oder, besser noch, der ihn umlaufende Wehrgang, durch dessen Schießscharten man einen herrlichen Rundblick auf die weitläufige Oasenstadt genießt, eignen sich sehr gut dazu, Geschichte und Bedeutung des Ortes ein wenig im Geiste Revue passieren zu lassen (ergänzen kann man solch Zeitreise später zwanzig Autominuten weiter südlich, in Manah, wo 2023, mit Dokumenten, Artefakten, Fotografien, Filmmaterial multimedial meisterhaft inszeniert, das auch architektonisch spektakuläre Oman Across Ages Museum seine Pforten öffnete).

Die schwer zugänglichen Gebirge Südostarabiens waren als Randzone des immens rasch expandierten Kalifenreiches schon in frühislamischer Zeit ein bevorzugtes Rückzugsgebiet für verfolgte Minderheiten. Weiter süd(west)lich, im jemenitischen Hochland, waren es die Imame der Zaiditen, einer schiitischen Gruppierung, die dort über tausend Jahre lang, bis zur Revolution von 1962, herrschte und neuerdings in Gestalt der Huthi-Bewegung erneut das Sagen hat. Der innere Oman ist ähnlich lange schon ein Refugium der sogenannten Ibaditen. Diese stammen von den Kharijiten ab, jener Sekte, die während der theologischen und politischen Auseinandersetzungen in der Frühzeit des Islam in der Frage der Prophetennachfolge weder den Standpunkt der Schiiten noch den der Sunniten guthieß. Nicht partout ein direkter Nachkomme Mohammeds müsse, so ihr Grundsatz, in seine Fußstapfen treten. Nicht einmal ein Angehöriger seines Stammes oder Kreises von Gefährten habe es zu sein. Vielmehr solle der Fähigste aller Moslems die Gemeinde anführen. Und der lasse sich nur durch Wahl bestimmen und müsse gegebenenfalls auch wieder abgewählt werden können. Viele Jahrhunderte lang war Nizwa der Schauplatz dieser Wahl und – abwechselnd mit Bahla und später Rustaq – zugleich Hauptstadt der Imame. Enge Glaubensverwandte jener Ibaditen, deren Name auf den in der Frühzeit in Basra wirkenden Reformer Abdallah ibn Ibad zurückgeht, sind übrigens seit dem neunten Jahrhundert schon und bis heute im Maghreb ansässig – im Nordwesten des heutigen Libyen, auf der tunesischen Insel Djerba und in der algerischen Oasenregion M'zab.

Auch als 1749 nach langem, blutigen Bürgerkrieg ein Mitglied der bis heute regierenden Al-Bu-Said-Dynastie das Imamat antrat, geschah dies durch Abstimmung. Doch dessen Nachfolger begannen schon sehr bald, ihre Herrschaft mehr auf Waffengewalt denn auf den traditionellen Mehrheitsentscheid zu stützen. Und noch im selben Jahrhundert verzichteten die Al Bu Saids vollends auf Wahlen. Stattdessen etablierten sie die Erbfolge, verliehen sich eigenmächtig den weltlichen Titel »Sultan« und verlegten die Hauptstadt von Nizwa nach Muscat. Während die ibaditischen Stämme im Landesinneren weiterhin ihre Imame wählten, schufen sie sich als Gewürz- und Sklavenhändler im Indischen Ozean ein regelrechtes Imperium. Der Gegensatz zwischen Hinterland und Küstengebiet, zwischen den Imamen, die auf ihre religiöse Berufung und den Führungsanspruch für ganz Inneroman pochten, und den Sultanen, die als weltliche Souveräne regierten, sich mit den lange Zeit die Küstenregion besetzt haltenden Persern schlugen und dabei mehr und mehr in Abhängigkeit von den Briten gerieten, wurde unüberbrückbar. Nach jahrzehntelangen ständigen Spannungen und Kämpfen schrieb man 1920 im Vertrag von Seeb, jenem Ort am Westrand der heutigen Capital Area, in dem inzwischen Muscats International Airport liegt, die De-facto-Zweiteilung des Landes fest. Doch noch Ende der fünfziger Jahre – inzwischen vermutete man im Landesinneren Öl und weitere ausländische Kräfte mischten in dem internen Konflikt mit – lehnten sich die Stämme im Gebiet des Jebel Akhdar, des nördlich von Nizwa sich erhebenden »Grünen Berges«, erneut gegen die Zentralgewalt in Muscat auf. Nur dem militärischen Eingreifen der Briten verdankte Sultan Said ibn Taimur damals die Vereinigung des Landes und seinen Verbleib auf dem Thron.

Ein trauriges Zeugnis für die Brutalität der damaligen Kämpfe findet sich im nahen Tanuf. Der Ort, an dessen Rand man heute das gleichnamige, landesweit bekannte Mineralwasser abfüllt und in dessen Nähe die famose Al Hoota Cave liegt, die einzige touristisch zugängliche Tropfsteinhöhle der ganzen Golfregion, war seinerzeit ein Zentrum des Widerstands. Es wurde, wie andere Siedlungen auch, von der Royal Air Force in Grund und Boden gebombt. Etliche Ruinen der zerstörten Lehmhäuser blieben bis heute unangetastet. Ob als Warnung oder zum versöhnlichen Gedenken? In der Schule, wird uns später ein Tischnachbar im Restaurant kryptisch andeuten, hören die Kinder der Gegend von den damaligen Kämpfen nichts. Was sie wissen sollen, erfahren sie daheim von ihren Vätern.

Erst Sultan Qabus hat die Gegensätze einigermaßen entschärft und die Stämme – auch untereinander – befriedet. Mit gutem Grund floss ein beträchtlicher Teil der Öleinnahmen in den Aufbau der Infrastruktur des Hinterlands. Mit gutem Grund nahm er – und nimmt sein Nachfolger Sultan Haitham bin Tariq weiterhin – bei allen Entscheidungen genau auf die Gebote des Koran Bedacht. Und mit gutem Grund wird den Stammesscheichs, etwa im Rahmen des 1991 eingesetzten Staatsrats, zumindest als Berater eine gewisse politische Präsenz in der Hauptstadt eingeräumt. Zu unterschätzen ist der Einfluss der theokratischen Clans in und um Nizwa dennoch nicht. Immerhin glauben rund drei Viertel der Omanis nach wie vor an die fundamentaldemokratischen Prinzipien des Ibadismus.

Einen Meilenstein bei den Bemühungen, die Gemüter der widerspenstigen Bergler endgültig zu kalmieren, markierte der Bau der Asphaltstraße auf das Sayq-Plateau. Sie wurde 2005 eröffnet und führt von Birkat al-Mauz in langen Kehren auf jene entlegene Hochebene, welche die längste Zeit nur über elende Eselspfade zugänglich und auch deshalb ein zentrales Rückzugsgebiet der Rebellen war. Nicht zufällig konnte man sie noch in den neunziger Jahren, bei meinem ersten Besuch, als militärisches Sperrgebiet bloß mit Sondergenehmigung auf haarsträubender Schotterpiste besuchen. Nicht zufällig sorgte die Regierung damals hier oben auffallend rasch für eine markante Verbesserung der Lebensumstände, ließ zahlreiche Brunnen bohren, mehrere Schulen, ein Spital, ein Sozialzentrum, eine Poststation bauen. Und nicht zufällig muss man heute noch kurz nach dem Abzweiger unten im Tal selbst als gewöhnlicher Tourist bei einer Kontrollstation Uniformierten seine Papiere vorweisen.

Was mir dabei allerdings jedes Mal von Neuem so angenehm auffällt – eine Beobachtung, die praktisch für all meine bisherigen Begegnungen mit omanischen Behördenvertretern gilt: Fast jeder Beamte spricht fließend Englisch, ist hilfsbereit, um Effizienz bemüht und wirkt frei von jener Eitelkeit und Steifheit, die einem anderswo so oft den Umgang mit Staatsdienern verleidet. Meine Vermutung: Diese Haltung erklärt sich vielleicht durch die noch relativ frische Erinnerung an die kollektive Armut. Sie dürfte wohl für jeden Einzelnen das Aneignen von Wissen und den Aufbau einer funktionierenden Gesellschaft so erstrebenswert machen. »We are here and happy to help you.« Wie oft habe ich diese Erwiderung auf meinen Dank gehört. Als wäre diese Sicht der Dinge selbstverständlich. Wie viel arabische, aber auch europäische Uniformträger könnten sich von ihr eine Scheibe abschneiden!

Das Sayq-Plateau liegt an den Hängen des Jebel Akhdar, zweitausend Meter über dem Meer, und zählt, obzwar die kahlen Kalkgipfel rundherum dies kaum vermuten ließen, zu den fruchtbarsten Regionen des Bergoman (daher das Attribut »grün«). Das nahezu mediterrane Klima, das hier herrscht, und der vergleichsweise reichliche Niederschlag lassen Nutzpflanzen gedeihen, die in der Hitze des Tales unten nie und nimmer überlebten. Und sie locken in den Sommermonaten neuerdings scharenweise Ausflügler, Omanis, Golfaraber und westliche Expats gleichermaßen an, die den Backofentemperaturen der Küstenebene entfliehen wollen. Kein Wunder, dass sich in jüngsten Jahren die Qualität der Gegend als Traumziel speziell für Wanderurlauber gerade auch in deutschsprachigen Landen in Windeseile herumzusprechen begann (»Developing new horizons in tourism« verheißt denn auch ein Plakat im Ankunftsterminal am Airport in Muscat). Und kein Wunder, dass inzwischen von etlichen Felsbalkonen Hotelanlagen grüßen. Eine besonders erlesene, das Resort der Thai-Kette Anantara, darf sich gar einer royalen Vorgeschichte rühmen: An den Rand jener Klippe, auf der es thront, sollen sich anno 1986 Prinzessin Diana und Kronprinz Charles mit einem Hubschrauber haben fliegen lassen. Verbürgt ist ein Aufenthalt des Thronfolgerpaars für die Dauer von sechs Stunden. Madame soll in einem Buch gelesen, ihr Göttergatte derweil die Landschaftsansicht aquarelliert haben. Doch weder Presse noch Fotograf noch Stab waren dabei. In der imaginierten Folklore der Einheimischen hat sich der Aufenthalt seither auf zwei Wochen ausgedehnt. Lady Diana's Viewpoint ist längst der Must-see-Stop schlechthin auf jeder Rundfahrt durch die Berge und deshalb manchmal, zumindest für inneromanische Verhältnisse, fast schon überlaufen.

In Wahrheit hat das Sayq-Plateau solche Übertreibungen und Mystifikationen gar nicht nötig: Seine Landschaft ist für sich aufsehenerregend genug, bietet vor allem an ihren Rändern unvergessliche Panoramen. Spektakulär ist – man könnte sich im Bergland des Nordjemen wähnen – etwa der Blick auf das Bergdorf al-Ayn und dessen schmale, schwindelerregend steil in die Tiefe gestaffelten Terrassengärten. Ebenso der auf den Ort Wadi Bani Habib. Und erst die Fahrt an der Nordseite entlang der Schlangenschlucht durch das Wadi Bani Awf!

Die Dörfer des Jebel Akhdar sind für ihr Obst, ihre Granatäpfel, Marillen und Pfirsiche, Walnüsse, Mandeln und Weintrauben, berühmt. Eine Besonderheit ist das Rosenwasser. Noch heute sind um die hundertfünfzig Leute mit der Herstellung beschäftigt. Sie produzieren über zehntausend Flaschen pro Saison. Erhältlich ist die kostbare bernsteinfarbene, ein wenig trübe, aber wunderbar duftende Essenz in Nizwa und anderen Märkten der Umgebung sowie in Salalah und Muscat, nicht jedoch außerhalb des Oman. Denn um sinnvoll für den Export zu produzieren, reicht die Anbaufläche nicht aus.

Morgens, bei Sonnenaufgang, um fünf, sehe ich bereits etliche Rosenpflücker bei der Arbeit. Zu diesem Zeitpunkt haben sich die Blüten schon geöffnet, doch ihr Duft hat sich noch nicht unter warmer Sonneneinstrahlung verflüchtigt. Die Ernte erfolgt, nach Abflauen der Winterregen und vor Einsetzen der Sommerhitze, im April und Mai. Dabei werden die gepflückten Blüten, um sie frisch zu halten, zunächst auf einem mit Wasser besprenkelten Tuch ausgebreitet. Abends bedeckt man sie, um ihre Feuchte zu speichern, mit einer Plastikplane. Als ich später eine Destillerie besuche, beobachte ich einen alten Mann, Khalid, wie er, über einen gemauerten Lehmofen gebeugt, gerade mehrere Kessel mit Blütenblättern befüllt. Es sind Damaszener Rosen. Die hätten, höre ich, das feinste Aroma. Gut zwei Stunden danach wird die Hitze des Feuers dem aufsteigenden Dampf die ätherischen Öle entzogen haben (verbrannt wird bewusst kein Gas, sondern noch traditionell, des speziellen Aromas des Rauches wegen, Holz vom Sidarbaum). Der Kessel ist dabei mit einer Platte aus Kupfer, das antimikrobielle Wirkung hat, verschlossen. Das Destillat, das an dieser kondensiert, wird in einer auf den Blättern platzierten Schüssel gesammelt. Ein Rosenstrauch liefere, erklärt Khalid, circa zwanzig Kilogramm Blüten. Daraus gewinne er ungefähr sieben Liter Rosenwasser. In einer Ecke hat er mehrere große, mit fertiger Duftessenz gefüllte Tonkrüge stehen. Kühl und dunkel gelagert, bleibt diese zwei Jahre lang frisch. Kommt sie in dieser Zeit freilich nur für einen Moment mit menschlicher Haut in Kontakt, kann sie im Nu verderben.

Zu Füßen Seiner Majestät, des Jebel Shams

In die Oasen und Schluchten rund um Omans höchstem Gipfel

Eine halbe Autostunde westlich von Nizwa schmiegt sich an einen steilen Ausläufer des Jebel Akhdar al-Hamra, die »Rote«. Die Altstadt mit ihren hohen Lehmziegelhäusern trägt eindeutig südarabische Züge. Die unteren Stockwerke für Ställe und Lager – fensterlos, mit einer winzigen Tür als Haupteingang, dafür mit Schießscharten versehen. Die Obergeschosse für die Wohnräume und den *Madjlis*, den Empfangsraum des Hausherrn – von zahlreichen Fenstern durchbrochen und an den lehmbraunen Außenfassaden zuweilen reich verziert. Die Mehrheit dieser kleinen Festungen steht allerdings leer. Ihre Besitzer haben sich an der Peripherie längst komfortablere, moderne Häuser errichtet. In den alten Steinfundamenten lasse sich, höre ich, kein Kanalsystem einbauen. Mein Begleiter Ibrahim, ein altgedienter Führer aus Muscat, zeigt mir sein Geburtshaus. Es ist unbewohnt, zerbröselt, wäre um einen Pappenstiel zu kaufen. Der Vater hat hier noch als Silberschmied gewerkt. Sein älterer Bruder hat das Geschäft übernommen, es jedoch in ein Shoppingcenter in Ruwi verlegt. Die Melancholie in seinen Worten ist nicht zu überhören.

Von al-Hamra schlängelt sich eine Staubstraße in steilen Serpentinen nach Misfah. Archaische Steinhäuser, die sich mit ihren Fundamenten wie Adlerhorste an Felsspornen festkrallen, enge, verwinkelte Gässchen, in denen man, wenn überhaupt, vorwiegend Alten begegnet. Die Jugend, erklärt Ibrahim, wandere ab, dem Ort drohe wie so vielen Bergdörfern der demografische Untergang. Für Momente wähne ich mich in Apulien oder Griechenland. Doch so freundlich und aufgeschlossen mir die Bevölkerung begegnet, typisch für alle Omanis, winkt, lächelt, grüßt: Sobald ich meine Kamera zücke, zieht manch alte Frau doch hastig den Schleier vor ihr Gesicht, taucht in dunkle Hausecken weg und holt mich so in die arabische Realität zurück. Je entfernter die Menschen von den Städten leben, desto unverbrüchlicher ist, zumindest bei den Seniorinnen noch, der Aberglaube, dass ihnen eine fotografische Abbildung die Seele raubt.

Die Felshänge und *Wadis* rund um Misfah sind vegetationslos und trocken. Doch beim Spaziergang durch seine Oase tut sich ein tropisches Schlaraffenland auf: sattes Grün, feuchtkühle, würzige Luft, Bäume und Palmen schwer von Orangen, Zitronen, Mangos, Papayas, Granatäpfeln, Feigen, Datteln; dazu ein plätscherndes Labyrinth aus raffiniert dem Verlauf der Steilhänge angepassten Röhren und Rinnen, aus Wasserfällen, verborgenen Waschnischen und Zisternen. Einmal treffe ich auf eine Schar Buben in Badehosen, die wagemutig einen steilen Fels erklimmen, um sich von ihm kopfüber jauchzend in ein kleines, gemauertes Staubecken zu stürzen. Als ich dem *Waqil* des Dorfes begegne, jenem älteren Herrn, dem die Instandhaltung des Bewässerungssystems und die gerechte Zuteilung des Wassers obliegen, pflückt er mir zum Willkomm eine Banane. Sie ist klein und krumm, ja sogar recht fleckig, aber von einer Geschmacksintensität, die jede EU-regelkonforme Chiquita zu Mehlpapp degradiert.

Während Ibrahim und ich mit ihm, begleitet vom Meckern der Ziegen, die mit Bruchsteinmauern befestigten Terrassen entlangwandern, bekomme ich das Prinzip der dörflichen Wasserversorgung erklärt. Es sei uralt und basiere auf den sogenannten *Aflaj*. Dabei handle es sich um weitverzweigte Kanalsysteme, die teilweise unterirdisch verlaufen und hier im Osten der Arabischen Halbinsel vermutlich bereits vor zweieinhalbtausend Jahren existierten. Bis etwa 1970 basierte die Versorgung mit dem lebensspendenden Nass landesweit auf dieser traditionellen Technik. Dann wurden mit dem Geld aus dem Öl vor allem in der Batinah-Ebene große Farmen angelegt und immer mehr Tiefbrunnen gebohrt. Durch das Abpumpen des Grundwassers entlang der Küste drang in die nunmehr leeren Reservoirs Salzwasser ein. Weshalb die Regierung bald darauf das Bohren neuer und das Vertiefen alter Brunnen verbot. Zugleich wurden, um dem wegen der intensiven Landwirtschaft und des Bevölkerungswachstums stark steigenden Verbrauch zu begegnen, zahlreiche Dämme, die das abfließende Regenwasser in den Wadis stauen, und auch etliche große Entsalzungsanlagen gebaut. Letztere decken mittlerweile neun Zehntel des Trinkwasserbedarfs. Von den ursprünglich etwa zwölftausend *Aflaj*-Anlagen ist nur noch knapp ein Drittel in Funktion. Der Rest liegt trocken.

Zu unterscheiden, fährt der *Waqil* fort, seien grundsätzlich drei Typen von *Aflaj*: solche, die direkt von Quellen gespeist würden. Diese seien vornehmlich in den Kalksteinzonen der Gebirge zu finden. Die zweite und häufigste Kategorie seien jene, die ihr Wasser nahe an oder gar von der Oberfläche der *Wadis* erhalten und es in meist offenen Kanälen bis zu seinem Bestimmungsort leiten. Die dritte und wohl faszinierendste Kategorie nehme ihren Anfang in unterirdischen »Mutterbrunnen« und befördere das Grundwasser in bis zu dreißig Meter tiefen Tunnels, das minimale Gefälle natürlich nutzend, talwärts bis ans Tageslicht. Diese Tunnels entstanden, indem man eine lange Reihe von vertikalen Schächten bis zum Grundwasserspiegel aushob und diese dann mit einem sanft abfallenden horizontalen Stollen verband. Sie seien oft viele Kilometer lang und absolut nachhaltig, weil sie die Verdunstungsverluste stark reduzierten, einmal gegraben, keine Energie und in der Folge nur wenig weitere Investitionen und Betreuung bräuchten. Im Volksmund würden sie übrigens, fügt der *Waqil* sibyllinisch lächelnd an, auch Dawudi-Falaj genannt – nach König David, der seinerzeit, so will es die Legende, auf seinem fliegenden Teppich in den Oman kam und den Bau der ersten derartigen Anlage veranlasste.

Und wie ist die Verteilung des Wassers in der Praxis organisiert? Der *Waqil* als Verantwortlicher öffnet nach einem festgelegten System die Schleusen und schließt sie nach einer bestimmten Zeitspanne mit Steinen, Stoffresten und Sandsäckchen wieder. So erhält jeder Bauer für sein Feld die ihm zustehende Menge. Das Dorfkollektiv hebt dafür einen Obolus ein. Damit wird die alle paar Jahre nötige Säuberung der Kanäle von angelagerten Salzen und Sedimenten bezahlt. In vielen Fällen, erfahre ich, sei die zugeteilte Wassermenge beziehungsweise die Anzahl der Stunden, über die es an einer definierten Stelle fließt, ein über Generationen vererbtes bewegliches Gut. Dieses könne man an Nachbarn weiterverkaufen oder auch einer *Waqf* überantworten, einer jener wohltätigen Stiftungen, die in der islamischen Welt seit alters öffentliche Einrichtungen finanzieren und verwalten. Die *Aflaj* seien freilich nicht nur Versorgungssysteme, sondern stünden im Mittelpunkt des sozialen Lebens. Trocknen sie aus, verlassen die Menschen das Dorf und ziehen in die Stadt. Deshalb müsse man alles daran setzen, dass sie funktionieren.

Wadi Ghul, das westlich von al-Hamra tief in die Flanke des Akhdar-Massivs schneidet, wird zu Recht gerne als Omans Grand Canyon bezeichnet. Mehr als einen Kilometer wachsen die von Wind und Wetter zerfurchten Wände aus Kalkstein beiderseits der Piste vertikal in die Höhe. Doch selbst in diesem weltabgewandten Felskessel, dessen von Palmen gesäumten Grund die Sonne auch im Hochsommer nur für kurze Stunden erreicht, leben Menschen: Das Dorf Nakhar besteht freilich aus nicht mehr als zehn Häusern, seine Bevölkerung fast nur aus Kindern und Frauen. Die Männer müssen draußen in den Städten ihr Geld verdienen. Noch ihre Väter lebten hier in der Schlucht ohne Straßenanschluss. Für sie lag Ghul, die nächste größere Siedlung, drei Eselsrückenstunden entfernt.

Von Ghul führt ein serpentinenreiches Sträßchen, größtenteils asphaltiert, aber streckenweise noch als Rumpelpiste und deshalb nur mit 4WD befahrbar, auf das »Dach des Landes«, dem dreitausend Meter hohen Jebel Shams entgegen. Sein Gipfel ist von einer kuppelförmigen Radarstation bekrönt. Der für Nicht-Militärs befahrbare Teil endet nahe der Abbruchkante des Hochplateaus. Dort wartet als Lohn für das lange Lenkradgekurbel ein wahrhaft atemberaubender Blick über die Bergszenerie und hinab in die Mutter aller Schluchten. Als hätte jemand mit einer kolossalen Säge ins Gebirge geschnitten. Noch tiefer ins Gedächtnis gräbt sich das Landschaftspanorama auf dem Balcony Walk, einem mehrstündigen markierten Wanderweg, der, abschnittweise durchaus schwindelerregend und Trittsicherheit fordernd, den Steilabfall zum Wadi Ghul entlangführt. Die Kulisse bildet, dreihundertsechziggradig in Cinemascope, ein Gewitter aus Fels – Bergflanke hinter Bergflanke, bis zum Horizont wie in einem Guckkasten gestaffelt. Ihre zerrissenen Kämme gleichen den Rücken urzeitlicher Riesenechsen oder gigantischen, von einem Hurrikan aufgepeitschten Ozeanwellen, die plötzlich zu Stein erstarrten.

Auf der Rückfahrt fühle ich mich stellenweise fast wie ein Skispringer beim Anlauf auf der Schanze, so steil geht es hinab. Unterwegs hält mich ein Alter mit wallendem Bart und weißem Turban an. Neben sich hat er auf einem Holzgerüst Teppiche verschiedener Größe ausgebreitet. Ihr Gewebe ist grob, aber ihre Farben und die geometrischen Muster sind von überzeugender Schlichtheit und Kraft. Die Bergnomaden des Jebel Shams sind berühmt für ihre Webprodukte aus Ziegenhaar. Während ich um einen kleinen, leuchtend orangen Vorleger feilsche, beginnt es zu nieseln. Ein paar Wolken haben sich in den Bergspitzen verfangen. Es sind die ersten Tropfen seit vielen Wochen und werden die letzten bis zum Ende dieser Reise sein.

Ein Stückchen westlich der Abzweigung nach al-Hamra und auf den Jebel Shams liegt an der Hauptstraße von Nizwa nach Ibri die Oase Bahla. Hisn Tamah, ihre gigantische Burgruine, war vom 12. bis ins 17. Jahrhundert Sitz des die Oasenregion beherrschenden Stammes der Bani Nabhan. Sie wurde mitsamt den stattlichen Resten der zwölf Kilometer langen Wehrmauer 1987 schon von der UNESCO in die Liste der speziell erhaltenswürdigen Weltkulturgüter eingereiht. Ein Vierteljahrhundert lang war daraufhin ihre Fassade eingerüstet, das Innere für Besucher gesperrt. Denn Wind und Wetter hatten, nachdem neue Dynastien ihre Regierungspaläste an andere Orte verlegt hatten, zuvor Decken und Wände einbrechen lassen, Mauern und Türme zu kariösen Rümpfen zernagt. Nun, da die immens aufwendige Generalrenovierung abgeschlossen ist, wandert der Besucher wie durch ein dreidimensionales Musterbuch omanischer Wehrarchitektur. Fünfzehn Tore und einhundertzweiunddreißig Wachtürme umkränzen diese über dreieckigem Grundriss errichtete größte Festungsanlage des Landes. Sie steht, so wird angenommen, auf den Fundamenten einer sassanidischen, also altpersischen Vorgängerin. Ihr Inneres erweist sich als weitläufiger Komplex aus Höfen und Gebäuden, Treppen und Terrassen, deren verwirrende Geometrien beinahe wirken, als hätte der Illusionsmeister M. C. Escher sie erdacht.

Mit dem Werkstoff Lehm kommt man in Bahla auch auf andere Art intensiv in Kontakt: Denn da der Hiesige sich dank seiner Konsistenz besonders gut zum Töpfern eignet, gilt Bahla seit alters als ein Mekka der Keramikproduktion. Die fotogensten Werkstätten liegen, erkennbar an den altertümlichen, runden Brennöfen, in einem Palmenhain unweit des alten *Souq*. Aus ihren Lehmkuppeln qualmt schwarzer Rauch, während in ihrem Inneren die Rohlinge, meterhoch gestapelt, bei sechsbis achthundert Grad gebrannt werden. Vor den Öfen befinden sich die Schlämmbecken, in denen man die feine Tonerde von Steinen und Schmutz befreit und mit Wasser zu einer gut knetbaren Masse vermengt. In den angrenzenden Häusern sitzen die Töpfer an ihren teilweise noch mit Fuß betriebenen Drehscheiben und ziehen im Affentempo und mit lebenslang geschulter Selbstverständlichkeit Gefäß um Gefäß hoch. Ihr Verkaufshit: Vorratsbehälter für Getreide und Datteln sowie riesige poröse Krüge zum Wasserkühlen.

Die wohl glanzvollste fortifikatorische Anlage

des Landes ist die Festung Djabrin. Sie thront, mehr Wohnpalast als Wehrbau, nur wenige Kilometer von Bahla entfernt über einer modernen, wie mit dem Lineal gepflanzten Palmplantage. Ihr Bauherr war Imam Bilarab vom Stamm der Yaruba, dessen Vater einen Ehrenplatz in der Landesgeschichte einnimmt, weil er es war, der die Portugiesen endgültig vertrieb. Bilarab, ein Ästhet und Kunstfreund, der sich gerne mit Gelehrten und Poeten umgab, verlegte 1668 seine Residenz von Nizwa hierher, in sein Sommerschloss, wo er auch eine Art höhere Schule für Hochtalentierte betrieb. Weil er dort vor allem säkulares Wissen lehren ließ und auch ausländische Gäste zum Gedankenaustausch einlud, wählten die erzkonservativen Sheikhs ihn ab und seinen Bruder zum neuen Imam. Er hat im Souterrain des Palastes seine letzte Ruhe gefunden.

Der zweitraktige Bau ist, wie Bahla, superb restauriert – ein Labyrinth aus ineinander verschränkten Treppen, Nischen, Spitzbögen, Schlafkammern sowie repräsentativen Wohnzimmern und Empfangssälen, die sich auf mehreren Stockwerken und Zwischengeschossen um zwei Innenhöfe gruppieren. Auffallend ist die Liebe zum gestalterischen Detail: Allenthalben schmeicheln filigrane Gipsstuckaturen, geschnitzte Fensterläden und mit floralen Ornamenten reich bemalte Holzdecken dem Auge. In den vielen Wandregalen: Waffen, Keramik, Porzellan; die Böden sind mit Teppichen, Palmmatten und bestickten Pölstern ausgelegt. Vom flachen Dach des Palastes reicht der Blick im Südwesten weit in die menschenleere Ebene der Wüstenprovinz

Dhahirah. Er lässt die Öde der Rub al-Chali, des hinter dem Horizont lauernden »Leeren Viertels«, erahnen. In der Gegenrichtung fällt er auf eine Retortensiedlung. Bis vor einer Generation war die Festung Djabrin von einer alten Lehmsiedlung und einem malerischen Palmenhain umgeben. Im Zuge der Restaurierung wurden Dorf und Bäume dem Erdboden gleichgemacht. Die Bewohner übersiedelten, wie vielerorts, in neue, komfortablere Betonhäuser.

Ein letzter Abstecher von Nizwa führt mich in den Süden. Erste Station ist die Oase Manah. Auch sie erzählt die leidige, im ruralen Orient so gängige Geschichte vom Triumph der Bequemlichkeit über die Tradition. Manahs historischer Ortskern ist allerdings komplett verlassen und zugleich besonders malerisch: enge, menschenleere Gassen, verwitterte Mauern, Ziehbrunnen, eingestürzte mehrstöckige Häuser und Türme; und dazwischen kleine Moscheen, die (eine seltene Gelegenheit), weil nicht mehr benützt, auch für mich als Nicht-Muslim betretbar sind. Pasolini hätte in dieser Kulisse wohl gerne gedreht.

Die zweite Station ist am Rande der großen Wüste die Oase Adam. Folgte ich dem Asphaltband der Transversale von hier weiter südwärts, würde ich nach achthundert Kilometern Salalah, die Hauptstadt der Provinz Dhofar, erreichen. Es ist erst Ende März, doch schon sehr heiß und deshalb umso leichter nachzuvollziehen, dass die alten Karawaniers, als sie vom Süden durch die vegetationslose Öde aus Kies und Geröll Richtung Nizwa zogen, diesen Ort aus der Entfernung als Fata Morgana und nach ihrer Ankunft als Paradies empfanden. Der Schatten seiner ausgedehnten Palmgärten ist selbst für schnöde Autofahrer wie mich Labsal. Ich stelle mir vor, wie in Pieter Bruegels berühmtem Gemälde »Schlaraffenland« rücklings im flachen, kühlen Wasser zu liegen und offenen Mundes zu warten, bis mir eine reife Dattel in denselben plumpst.

Auf der Fahrt zurück nach Muscat entdecke ich inmitten der grandiosen, nun im Abendlicht in allen Farbschattierungen aufleuchtenden Bergwelt des Wadi Samail ein schwarz-gelb lackiertes Stahlgeländer. Es verläuft ein Stück weit parallel zur Straße und markiert, wie man mir später erklärt, den Verlauf der zentralen Pipeline, die das viele Tausend Kilometer lange Pipelinenetz aus den Ölfeldern im Landesinneren bündelt und das Schwarze Gold nach Mina al-Fahal, Omans ältestem, gleich bei Mutrah gelegenem Ölverladehafen und Raffineriestandort, befördert. Die Fernleitung war die erste von mittlerweile vieren, die das bis heute zentrale Schmiermittel der omanischen Wirtschaft zum Export an die Küste schafft. Die anderen enden in Sur, in Salalah und am Tiefseehafen von Duqm, Omans neuem, großen, jüngst erst auf halbem Weg nach Dhofar errichteten Industriezentrum und Logistik-Drehkreuz. Ein einzelnes Rohr, kaum geschützt über Hunderte Kilometer im Wüstenboden verlaufend: Eindrücklicher kann man kaum daran erinnert werden, wie fragil unser aller Wohlstand letztendlich ist.

Rückblick III: Schildkröten, Tahr und Oryx

Ralph Daly, Öko-Berater, Tier- und Umweltschützer der ersten Stunde, erinnert sich

Ich bin bereits 1969, zu Zeiten Said bin Taimurs, für die Ölgesellschaft PDO, die Petroleum Development Oman, in das Land gekommen. 1974 wurde mein Aufgabenbereich jedoch von Regierungsstellen übernommen und ich als Verbindungsmann war mit einem Mal überflüssig. Seine Majestät war aber so freundlich zu denken, dass man am Diwan (dem Hof) jemanden brauchen könnte, der versuchen sollte, so viel Information wie möglich über Fauna und Flora des Oman zu sammeln. Zugleich erdachte er einen Plan, der vermeiden helfen sollte, dass die extrem rasche Entwicklung des Landes seine Umwelt beschädigen oder gar zerstören würde. Dies stand am Beginn.

Weder hier noch im Rest der Welt war Nennenswertes über die Natur dieser Region bekannt. Einige wenige Europäer waren im 18. und im 19. Jahrhundert durchgereist, hatten gelegentlich ein paar Notizen gemacht. Einer der wichtigen war Theodore Bent, der gemeinsam mit seiner Frau Mabel im Jahre 1885 vorbeikam. Er machte exzellente Fotografien. Seine posthum veröffentlichten Tagebücher enthielten sogar ein Kapitel über den Dhofar. Und seine Pflanzensammlung landete in Kew Gardens. Doch da er im Jänner hier war, fand er die Vegetation verdorrt und übersah wichtige Spezies. Kurz: Es galt für uns, so gut wie alles neu zu erforschen.

Die erste Expedition fand 1975 statt und führte uns in die nördlichen Berge. Der Leiter des ganzen war Doktor David Harrison, ein Arzt, der schon ein vierbändiges Standardwerk über die Säugetiere Arabiens verfasst und sich insbesondere mit dem arabischen Tahr beschäftigt hatte. Diese überaus rare, kaum erforschte Halbziege ist ja heute nur im Nordoman heimisch. Sie ist das Relikt einer urweltlichen Gattung, die vor der Eiszeit auch in Europa lebte und sich vor Jahrmillionen, als die Landbrücke zwischen Arabien und Asien einbrach, hier in den Nordoman zurückzog. Ihre nächsten, freilich deutlich größeren Verwandten findet man unter der Bezeichnung Takin im Himalaya. 1976 wurde eigens für den Tahr, dessen verbliebenen Gesamtbestand man heute auf weniger als dreitausend Exemplare schätzt, im Wadi Sarin, knapp fünfzig Kilometer südlich von Muscat, ein zweihundert Quadratkilometer großes Naturreservat geschaffen. Aufgrund der extremen Scheu der Tiere ist es schwierig, ihnen nahe zu kommen.

Die Ergebnisse der ersten Expedition füllten einen dicken »Special Report«. Der ging um die Welt und erregte in Wissenschaftskreisen enormes Aufsehen. Ich erinnere mich, dass wir im Oktober 1975 nach Kinshasa in Zaire zur Generalversammlung der Vorgängerorganisation des heutigen

World Conservation Council flogen, um zu erreichen, dass der Oman als Mitglied aufgenommen wird. Wir hatten vorsorglich die Shell-Straßenkarte, die erste des Landes überhaupt, die damals ganz neu war, vor uns ausgebreitet. Trotzdem hatten die anderen Delegierten keine Ahnung, woher wir kamen. »Muscat? Ah, you are from Moscow!« und: »From Oman? Ah, from Jordan!« – das war der Tenor der Reaktionen. Aber immerhin, die Neugier der Welt war geweckt und unsere Publikation hatte das Ihre dazu beigetragen.

Als Nächstes meinte der Sultan, wir mögen eine ähnliche Studie auch über den Dhofar in Angriff nehmen. Wir waren mehr oder weniger dasselbe Team. Doch die Ergebnisse, insbesondere auf dem Gebiet der Botanik, sorgten international für noch weit größeres Erstaunen. Unsere anfänglichen Vermutungen hatten sich bewahrheitet: Es gab mannigfache und überaus enge naturkundliche Bezüge zwischen dem Dhofar und dem afrikanischen Kontinent.

Ungefähr zu dieser Zeit begannen wir auch mit Untersuchungen zu den Meeresschildkröten. In diesem Bereich bestand eine erste und sehr dringliche Aufgabe darin, die eminent wichtigen Brutreviere auf der Insel Masirah vor der Zerstörung zu schützen. Denn auch dort setzte damals gerade die Entwicklung der örtlichen Infrastruktur massiv ein. Parallel wurde mit Studien zu den Stränden von Ras al-Hadd und Ras al-Djins, ebenfalls bedeutsamen Brutrevieren, begonnen – Studien, die übrigens dazu führten, dass das zuständige

Ministerium die beiden Küstenabschnitte später zu Schutzgebieten erklärte (siehe »Moho und die Reptilien von Ras al-Djins«, Seite 35).

Just als wir die Vorbereitungen zur Dhofar-Expedition starteten, fragte mich der Sultan nach meinen Plänen und Vorstellungen bezüglich des Schutzes der Oryx. Ich gab eine ziemlich unbedarfte Antwort, weil ich darauf nicht vorbereitet war. Seine Majestät hatte natürlich gute Gründe für die Frage: Ende 1972 waren die letzten verbliebenen Tiere dieser kostbaren weißen Antilopenart im Landesinneren getötet und verspeist worden.

Warnungen vor der drohenden Ausrottung hatte es schon zehn Jahre zuvor gegeben. Im Auftrag der britischen Regierung und mit Unterstützungsgeldern des eben gegründeten Word Wildlife Fund war damals eine Gruppe von Spezialisten in Aden aufgebrochen und auf der Suche nach überlebenden Oryx-Herden durch den südlichen Zipfel des »Leeren Viertels« bis in den Oman gekommen. Ihre ziemlich magere Ausbeute bestand aus drei Tieren, einem Männchen und zwei Weibchen. Die wurden, nach eingehender Rücksprache mit den Behörden in Kenia, in die Umgebung von Nairobi ausgeflogen. Die Hoffnung war, dass sie dort, in Gefangenschaft, eine Herde begründen würden. Doch leider: In der Gegend brach die Maul- und Klauenseuche aus, die Tiere wurden schleunigst in den Zoo von Phoenix verschifft, nach Arizona also, wo ein ähnliches Klima herrscht wie im Oman. Parallel hatte man vier Tiere in Riyad, zwei in Kuwait und eines im Zoo von London aufgetrieben. Aus den insgesamt zehn Immigranten zog man in Phoenix erfolgreich eine »Oryx-Weltherde« auf. Dies war der Stand zur Zeit der Anfrage durch den Sultan.

Davon in Kenntnis gesetzt, regte er an, die Herde in den Oman zu bringen und hier unter Aufsicht wieder auszusetzen. Die Studie, ob und wenn ja, wo das durchführbar war, nahm zwei Jahre und die Mithilfe vieler Experten in Anspruch. Wir suchten das ganze Land bis an die jemenitische Grenze nach einem geeigneten Terrain ab und wählten schließlich, vor allem wegen der dort idealen Vegetation, die Gegend um Yaluni in der Djiddat al-Harasis aus. Die Kuratoren der Stiftung in Arizona erklärten sich einverstanden, zumal in diesem dank jahreszeitlichem Nebel und Morgentau einzigartigen Wüsten-Ökosystem auch vielerlei endemische Pflanzen sowie bereits andere seltene Tierarten wie der Nubische Steinbock und der Arabische Wolf, Karakal, Honigdachs, Edmigazelle und Kragentrappe heimisch waren. Sie stellten uns, das war 1982, kostenlos die ersten zehn Tiere zur Verfügung. Die hielten wir zwei Jahre lang probeweise in einem Großgehege, bevor wir sie in die Wildbahn entließen. Später kamen noch einige kleine Herden dazu, unter anderem eine aus Jordanien, wo man inzwischen ein ähnliches Projekt lanciert hatte. Mitte der Neunziger hatten wir, auch dank des generellen strikten Jagdverbots, einen Bestand von fast fünfhundert überwiegend in Freiheit geborenen Tieren. Das offiziell zum »Schutzreservat für arabische Oryx« erklärte Gebiet wurde wenig später von der UNESCO zur Welterbestätte geadelt.

Postskriptum: Dieses Interview durfte der Autor mit Ralph Daly im Jahr 1995 führen. In der Folge schrumpfte der Oryx-Bestand im Oman leider infolge von Wilderei, Verlust an Lebensraum, Trockenheit und Nahrungsmangel binnen nur zehn Jahren auf weniger als hundert Tiere – eine Population mit erneut akut gefährdeter Überlebensfähigkeit. Zudem beschloss die Regierung in Muscat einseitig, das ursprünglich an die dreißigtausend Quadratkilometer große Naturschutzgebiet in Reaktion auf Pläne zur Erdgas- und Erdölförderung auf ein Zehntel zu verkleinern. Worauf die UNESCO ihm 2007, ein in ihrer Geschichte bis dahin einmaliger Vorgang, den Welterbe-Status wieder entzog.

Tropisches Arabien

Oman kontrapunktisch: Die Südprovinz Dhofar

Noch einmal anders als der übrige Oman ist sein Süden, die Provinz Dhofar. Hier unten, tausend Kilometer südlich von Muscat, folgt der Winter auf den Frühling. Sommer herrscht von März bis Mai. Und danach, wenn im Norden das Quecksilber bis auf kaum erträgliche fünfzig Grad steigt, bringt der *Khareef*, der Südwestmonsun, Abkühlung, breitet Wolken, Regen und Nebel über das Küstengebiet und verwandelt es in ein für die arabische Welt einmaliges Stück sattgrüner Tropen. Dann bringen die *Djabalis*, die Bergnomaden, aus dem wüsten Landesinneren ihre Kamele massenweise in die Ebene rund um Dhofars Hauptstadt Salalah, auf dass sie sich durch üppig sprießende Wiesen staksend die Höcker vollfressen. Die von Hitze geplagten Golfaraber fliegen zu Abertausenden in Charterflugzeugen an, mieten sich in den Häusern der Einheimischen ein (die dann ihrerseits in eigens errichtete temporäre Zeltquartiere ausweichen). Und der antike Name der Region – Arabia felix, »glückliches Arabien« – erhält zumindest für zwei, drei Monate eine neue, wenn auch von ihrem ursprünglichen Sinn etwas abweichende Bedeutung.

Die Andersartigkeit zeigt sich schon bei der Fahrt vom Flughafen in die Stadt. Größtenteils

Kokos- statt Dattelpalmen säumen die schnurgeraden Alleen. Der Teint vieler Menschen ist deutlich dunkler als im nördlichen Landesteil. Auch das Licht lässt alles noch eine Spur plastischer erscheinen. Und in den Obst- und Gemüsekiosken am Straßenrand türmen sich, säuberlich zu Pyramiden gestapelt, tropische Früchte – Melonen und Mangos, Papayas, Guaven, Cherimoyas, Taros, Jackfrüchte, Bananen … Ein Willkommensritual, das ich bei jeder Ankunft hier unten mit Genuss zelebriere: Mir von einem Händlerfreund mit einer Machete eine Kokosnuss aufschlagen lassen, daraus ihr kühlendes Wasser schlürfen und die Kopra, das wabbelige Fruchtfleisch löffeln. Herrlich!

»Es war ein kleines Städtchen, nicht viel größer als ein Dorf. Das herausragendste Gebäude war der Sultanspalast. Um ihn herum drängte sich der kleine *Souq*, eine Ansammlung von Lehmhäusern und -schuppen, Zäunen, schmalen Gässchen. Der Markt bestand nur aus einem Dutzend Läden, bot aber die beste Einkaufsmöglichkeit zwischen Sur und dem Hadramaut, also auf einer Strecke von über eintausendzweihundert Kilometern.« Die Bevölkerung Salalahs hat sich zwar nicht wie die anderer urbaner Agglomerationen Arabiens vervielfacht, doch in den achtzig Jahren, seit Wilfred Thesiger, der britische Forscher, Abenteuerreisende und europäische Erstdurchquerer der Wüste Rub al-Khali, es so erlebte, ist ihre Zahl doch auf zweihunderttausend angewachsen und das Stadtbild hat sich gehörig geändert. Um den lose verbauten Altstadtbereich mit seinen Feldern, Ödflächen und Palmplantagen ist inzwischen ein Ring aus gesichtslosen Neubauten gewachsen. Den alten *Souq* nahe dem Palastareal hat man vor einigen Jahren weitgehend demoliert. Der zentrale Lebensmittelmarkt befindet sich nun auf einem Areal an der Straße des 23. Juli – das war jener Tag, an dem im Jahr 1970 eine Gruppe bewaffneter Soldaten in die hiesige Sultansresidenz eindrang, Sultan Said in einem unblutigen Putsch zur Abdankung zwang und zugleich seinen Sohn Qabus aus sechs Jahre währendem Hausarrest befreite.

Der Bummel durch diesen neuen *Souq* erweist sich, dem vielen schnöden Beton zum Trotz, als eine Wallfahrt der Sinne. Jeder Stand hält exotische Überraschungen bereit. Da stapeln sich diverse Sorten von getrocknetem, strenge Düfte verströmendem Haifisch und *Qashat*, einer aus dem Fleisch der Kokosnuss, Zucker und Wasser zu grießigen Klumpen gepressten Leckerei. In kleine Säckchen verpackt gibt es die mittlerweile sehr seltenen und deshalb sündhaft teuren Abalone-Schnecken und, in Gläser abgefüllt, den legendären wilden Honig aus den omanischen Bergen. Dutzende Arten von Hirse, Erbsen und Sesam werden feilgeboten, allerlei befremdliches Obst- und Wurzelwerk und auch jene Schafs- und Ziegen- und Kuhschmalze, die Frauen früher, um dem Schönheitsideal der Männer zu entsprechen, in rauen Mengen verzehrten, heute jedoch nur mehr als aromatischen Zusatz den Speisen beimengen.

Mittagessen im Zentrum Salalahs: Das Restaurant Bin Atique gilt als eine der führenden Adressen für traditionelle dhofarische Küche. Ich sitze auf Teppichen in einer aus Resopal gezimmerten Art Separee. Mit mir zwei neue Freunde, Einheimische. Es wird opulentest aufgetragen: *Hommos* – eine Paste aus Kichererbsen; *Ful* – Bohneneintopf; *Assidha* – eine Abart des Germknödels aus Mehl, Zucker, Salz und heißem Schmalz; *Harisse* – Assidha, versetzt mit frischen Fleischstückchen; getrockneter Hai in Kokoscurry und das obligate Hühnchen mit Biriyani-Reis. Den gekochten Magen mit Zwiebel und die Ochsenaugen vergesse ich wohlweislich zu bestellen. »Wir Dhofari«, beteuern die Gastgeber, »kochen schlicht, aber schmackhaft.« Mein hamsterbackiges Nicken muss ihnen vorerst als Zeichen der Zustimmung genügen.

Irgendwann berührt das angeregt dahinmäandernde Geplauder auch den Themenbereich Österreich–Deutschland–Hitler. Wie schon so oft über die Jahrzehnte im Laufe meiner Reisen durch den Orient höre ich lobende Worte über den GröFaZ. Dass er Krieg führte, gilt meinen Gegenübern als Beweis für Entschlossenheit und mannhafte Stärke. Noch dazu hasste er die Juden! Es ist die unter ungebildeten Arabern so weit verbreitete bizarre Verkürzung, die der Unkenntnis der wahren Hintergründe entspringt. Das Gespräch weckt bei mir Erinnerungen an jene verwegenen Gestalten, auf die ich hier im Südoman vor einer Generation noch hie und da im Straßenbild gestoßen war, deren letzte Exemplare freilich inzwischen wohl das Zeitliche gesegnet haben: alte Recken mit nacktem, sonnengegerbtem Oberkörper und wallendem, hennarotem Bart, mit geschultertem Gewehr, *Khandjar* und Patronengurt um die Hüfte. Selbst in jenen längst friedlichen Zeiten hatten sie an ihrem Kampfesmut keinen Zweifel gelassen. Und mir ins Gedächtnis gerufen, dass der Dhofar-Krieg, in dem die hiesigen Gebirgsstämme gemeinsam mit südjemenitischen und palästinensischen Freischärlern, von der Sowjetunion mit Waffen versorgt, gegen die von Großbritannien, aber auch Jordanien und dem persischen Schah unterstützte omanische Armee kämpften, erst 1975, fünf Jahre nach Sultan Qabus' Thronbesteigung, endete.

Den Tag beschließe ich mit einem Spaziergang am Meeresufer. Der Strand in der Ebene von Salalah ist über fünfzig Kilometer lang, feinsandig, vollkommen flach, kurz: von geradezu unverschämter Makellosigkeit und noch dazu über weite Strecken menschenleer. Bloßfüßig, die Hosenbeine aufgekrempelt, die Zehen von lauwarmen Wellenausläufern sanft umspült, der langsam in den Fluten versinkenden Riesenorange entgegenschlendern, danach ein Sundowner auf der Terrasse des Crown Plaza Strandhotels ... Nordländerherz, was willst du mehr? Wie schlaraffisch das Leben hier als Anrainer des Indischen Ozeans – zumindest bei den moderaten Temperaturen des Winters – ist, illustriert eine Begegnung mit einem Grüppchen örtlicher Fischer. Sie sitzen schwatzend auf mitgebrachten Klappstühlen im Sand und brauchen nur an einer simplen Schnur kleine Köderstückchen in die flache Brandung zu halten. Auf diese Weise ziehen sie im Abstand von wenigen Minuten nach und nach mühelos gar nicht kleine Fische an Land.

Tags darauf steht eine erste Exkursion auf dem Programm. Sie führt ostwärts. Die Kamele des Dhofar gelten mittlerweile als echte Plage. Kurz hinter der Stadtgrenze begegne ich den ersten. Sie stehen mampfend am Straßenrand, bevölkern die Strände, ziehen in riesigen Herden über die steinige Ebene und fressen die schütteren Grasflächen kahl. Handfesten Nutzen bringt die Mehrzahl ihren Besitzern längst keinen mehr. Sie erhöhen nur noch deren Status. Und vermindern drastisch deren Einkommen. Die Dhofaris verfüttern einen beträchtlichen Teil der staatlichen Finanzzuschüsse aus Muscat an ihre vierbeinigen Lieblinge. Deren Zahl soll sich, nicht zuletzt dank des Nahrungsüberflusses zur Monsunzeit, in nur zwanzig Jahren auf an die zweihunderttausend verdreifacht haben (die Rinder- und Ziegenpopulationen wuchsen freilich derweil noch viel schneller). Die Folge: Das Land leidet unter dramatischer Überweidung. Alte Hirten erzählen, noch vor drei, vier Jahrzehnten habe geradezu dschungelhaft dichte Vegetation es bedeckt. Das Gros der Bäume und Sträucher ist inzwischen verschwunden. Zum Schutz der restlichen vor Entrindung werden immer mehr Kamelen die Vorderzähne entfernt. Um die Lage zu stabilisieren, lese ich später in einer Studie einer deutschen NGO, täte es dringend Not, gemeinsam mit den Viehhaltern neue Maßnahmen für ein zeitgemäßes Zuchtmanagement zu entwickeln. Ein wesentlicher Schritt zur Reduktion der frei wandernden Herden und damit zum Schutz der Natur, schreiben die Experten, wäre etwa die Errichtung abgeschlossener Kamelfarmen. Die darin erzeugte Milch und andere Produkte fänden weitum, selbst in der Hauptstadt Muscat, Käufer und sicherten den Tierhaltern ein geregeltes Einkommen.

Kurioserweise stehen zwischen den Kamelen auch vereinzelt Kühe in der Gegend herum. Wie sie wohl sommers die höllische Hitze überstehen, ohne dass ihnen die Milch im Euter ranzig wird? Wir überholen einen klapprigen Lieferwagen. Auf seiner Pritsche glitzert eine Ladung silbriger Fischchen. Die Gegend ist berühmt für ihre luftgetrockneten Sardinen, die man zu Fischöl verarbeitet oder als Viehfutter verwendet.

Taqah, ein alter Umschlagplatz für Weihrauch, wartet mit einem Fort auf. Lange Zeit Residenz des *Wali*, des Provinzgouverneurs, hat man es restauriert und öffentlich zugänglich gemacht. Es ist eine Miniaturausgabe der mächtigen Festungen Nordomans, freilich noch heimeliger, charmanter als diese und vollgeräumt mit vielerlei Kunst- und Alltagsgegenständen – Porzellan aus China, Hinterglasmalereien und Spiegel aus Indien, Schwertern, Truhen, Trinkgefäßen, vergilbten Bildern und Stichen. Im Hof zeugt ein Ziehbrunnen von Zeiten ohne Motorpumpen, über der Tür zum Wachzimmer sind zwei Tierhörner eingemauert – religiöse Relikte aus präislamischer Zeit.

Mirbat, der nächste größere Küstenort in östlicher Richtung, genoss noch vor dreihundert Jahren Bedeutung als Ausfuhrhafen für Weihrauch. In ihrem Kern spiegelt noch manch historische Bausubstanz den einstigen Wohlstand wider: stattliche mehrstöckige Wohnburgen aus Korallenkalkstein, wie man sie sonst nur weiter südlich, im Jemen, findet. Die allermeisten sind allerdings verlassen, im Zustand fortgeschrittenen Verfalls – die Decken eingestürzt, die Wände von der Meeresluft zernagt. Bei meiner ersten Reise nach Dhofar, Mitte der neunziger Jahre, hatte ich hier an manchen Mauern noch Löcher von Maschinengewehrsalven gesehen. In Mirbat tobte 1972 eine Entscheidungsschlacht zwischen den Rebellen der Volksfront und den Truppen des Sultans. Mittlerweile hat man die Spuren dieser fatalen inneren Zerreißprobe getilgt.

In der angrenzenden Neustadt prangen wieder, wie im ganzen Land über den Alu-Portalen der Geschäfte, die uniformen Neonschilder neben arabischer auch in lateinischer Schrift: »Tailor«, »Laundry«, »Cattle Food«, »Barber Shop«, »Perfumes & Luxuries« und an jeder zweiten Ecke »Foodstuff«, Lebensmittel. Im Hafen stoße ich auf eine Gruppe Schaulustiger. Sie umringen zwei Fischer, die gerade einen Hai zerlegen. Das Tier muss an die sechs Meter gemessen haben. Kopf und Schwanz sind noch ganz. Respektvoll streichen wir mit bloßen Fingern über die Haut – ein ledriger Panzer; dann über die Zahnreihen – Rasierklingen. Das Monstrum erregt selbst im Tod noch Schauder. Ein Petrijünger meint, mich beruhigen zu müssen: Es sei weit, weit draußen, auf hoher See gefangen worden.

Ein Stück westlich von Mirbat und abseits der

Hauptstraße stoße ich auf weiße Zwillingskuppeln. Sie wölben sich über dem Grabmal von Scheich Mohammed bin Ali Al-Alawi. Der Stammbaum dieses vor achthundert Jahren verstorbenen Heiligen reichte angeblich direkt bis zu Ali, dem Schwiegersohn des Propheten Mohammed, zurück. Vor dem Mausoleum erstreckt sich ein riesiges Gräberfeld. Tausende Gläubige haben ihre letzte Ruhe in der Nähe des Verehrten gesucht. Wohl in der weitverbreiteten Hoffnung, selbst nach ihrem Tod noch von der vermeintlich heilsamen Energie, die er verströmt, zu profitieren.

Ein weiteres hochverehrtes Grab in der Umgebung Salalahs befindet sich an den Abhängen des Jebel Qara: Nabi Ayoub – eines der vielen über den ganzen Orient verstreuten »Gräber des Hiob«. Vorausgesetzt, sie entledigen sich, wie im Islam für alle sakralisierten Zonen obligat, ihrer Schuhe, dürfen auch Nicht-Muslime dieses Heiligtum betreten. Selten habe ich bei meinen zahlreichen Besuchen im Inneren keine Pilger angetroffen, die vor dem wundersam elongierten Sarkophag mit gekreuzten Beinen auf dem Boden hockend zu jenem alttestamentarischen »Gerechten« beten, den Gott mit unsäglichem Leiden geprüft hat, den auch der Koran mehrfach erwähnt und den der Islam als Prophet anerkennt. Jedes Mal genieße ich den Blick von der Felsterrasse draußen, auf der die Türbe thront, hinab auf die weite Küstenebene und das weiße Häusermeer der Hauptstadt Dhofar, das einem dort wie auf dem Präsentierteller zu Füßen liegt.

»Das Wetter in diesem Teil Arabiens ist so unerträglich, dass der Wein binnen zweier Tage zu Essig wird«, berichteten die alten Seefahrer. Ich verstehe ihre Klage von Tag zu Tag besser. Es ist Mitte April und die steigende Hitze beginnt mein Animo zu lähmen. Trotzdem unternehme ich hier im Süden eine letzte Tour. Sie führt zur Oase Shisr, an den Rand der Rub al-Khali, des »Leeren Viertels«. Irgendwo in dieser wüsten Gegend vermuten Altertumsforscher seit Langem jene sagenhaft reiche Stadt, die im Koran als Iram und in den Erzählungen aus Tausendundeiner Nacht als Ubar erwähnt ist. Sie soll seinerzeit, von Allahs Zorn getroffen, jählings in einer riesigen Höhle versunken sein. 1984 entdeckte man auf Infrarotfotos der Raumfähre Challenger ein Netz von alten, unter dem Sand verborgenen Karawanenwegen. Ihr Schnittpunkt lag nahe der nach wie vor nur vage definierten Grenze zu Saudi Arabien, an der letzten großen Wasserstelle auf dem Weg in die Große Wüste, dem heutigen Shisr. Als Archäologen nachforschten, stellten sie in der Tat fest, dass an dieser Stelle einst eine Stadt existierte; dass auch deren Umgebung bewohnt war; und (was die These, es handle sich um die legendäre Siedlung, halbwegs einleuchtend machte): dass sie einst wirklich ganz plötzlich im Erdboden einbrach. Der Lokalaugenschein ist für mich Laien allerdings kaum aufschlussreich. Shisr ist ein typischer Ort zum Einmal-Dagewesensein. Es gibt wenig zu sehen – ein paar wenige Mauern, Steinhaufen, ein kleines Museum mit Fundstücken, alten Fotografien, Satellitenaufnahmen –, aber viel zu mutmaßen. Wichtigster Orientierungspunkt ist die tatsächlich enorme Kaverne. Einen endgültigen, lückenlosen Beweis, dass der Ort dem antiken Ubar entspricht, liefern freilich auch die spärlichen Relikte nicht.

Auf der Rückfahrt irgendwo zwischen Shisr und Thumrait: Die Landschaft ist von grandioser Öde – Sand, Geröll, von der Sonne gebleichtes Buschwerk, Fertigteilhäuser, vereinzelt Drachenbäume, eine rosa blühende Wüstenrose, Beduinenzelte. »On the road« nasche ich Datteln, trinke frisch gemolkene, ergo warme und natürlich unpasteurisierte Kamelmilch, die mir gastfreundliche Bedus am Straßenrand in einer Aluminiumschüssel darreichen – ach was, sie wird, *Insha'llah*, schon keine der berüchtigten Bakterien bergen, vor denen Veterinäre warnen. Fast zwangsweise kommt das Gespräch wieder auf die »Schiffe der Wüste«. Salim, mein heutiger Begleiter, allein besitzt ihrer vierzig. Von den rund tausend Rial, die er im Monat verdient, gehen mehrere Hundert für Futter auf. Ein Tier auf den Markt zu bringen, sagt Salim, sei sinnlos, der örtliche Preis durch das Überangebot längst ruiniert. Doch selbst wenn es höheren Profit brächte, dürfe er keines verkaufen. Aus sentimentalen Gründen, und um das Familienimage nicht zu ramponieren. Seinem greisen Vater raube es schon den Schlaf, wenn er eines der Tiere nur hüsteln höre. Außerdem, und bei diesem Gedanken nicken die Umstehenden bedächtig, sei der Wohlstand durch das Öl ohnehin nicht von Dauer. Und wisse man, wer später einmal regiere? In Notzeiten, gibt er zu bedenken, garantieren Kamele Sicherheit. Sie liefern Nahrung. Und im Kriegsfall könne man auf ihnen in die Wüste fliehen.

Im Land des Weihrauchs

Ein olfaktorisches Paradies

Die Passion für duftende Substanzen ist in Vorderasien so alt wie die Zivilisation. Schon in Assyrien, Babylonien und im pharaonischen Ägypten gehörten Räucherwerk und Salböle zu jeder Opferliturgie. In der Antike gelangten Harze per fumum (lat.: »für den Rauch«) in großen Mengen über, nomen est omen, die Weihrauchstraße bis nach Griechenland und Rom. Doch ihr Besitz war hier wie dort stets ein Symbol für die Macht, mit den Göttern in Kontakt zu treten, und deshalb Herrscherfamilien und Hohepriestern vorbehalten. Die Demokratisierung der Düfte erfolgte erst durch den Islam.

»Ich liebe Frauen, Kinder und Wohlgerüche«, hat Mohammed, so ist überliefert, geschwärmt. Und bei anderer Gelegenheit: »Parfum ist die Nahrung, die mein Denken belebt.« Hatte Moses seinem Volk noch bei Androhung von Todesstrafe und Ausrottung der Sippe verboten, sich mit der Herstellung von Duftstoffen zu beschäftigen, so wurden die Anhänger des Propheten aus Mekka geradezu ermuntert, zu sammeln und zu verarbeiten, was in der Wüste wuchs und gut roch. Freilich sollten die aromatischen (und häufig auch halluzinogenen) Wurzeln und Kräuter die Gläubigen nicht nur erbauen, sondern in dem heißen Klima auch vor Insekten und Krankheiten schützen.

Als die Kreuzfahrer schließlich Kenntnis und Gebrauch des Parfums in Mitteleuropa verbreiteten, war es im Orient längst fixer Bestandteil der Alltagskultur. Den sinnenfrohen Arabern war es gelungen, die Destillationsmethode entscheidend zu verbessern. So mussten sie statt der leicht verderblichen Öle oder Bündel getrockneter Pflanzen, Rinden und Hölzer nur noch winzige Phiolen transportieren. Auch erforschten und nutzten sie die therapeutische Wirkung von Düften auf Geist, Seele und Körper. Die *Sufis,* die islamischen Mystiker, waren bisweilen fast süchtig nach subtilen Gerüchen, halfen sie ihnen doch, ihre Gedanken zu reinigen und ihre Wachheit zu erhöhen. Selbst dem Mörtel von Moscheen wurden gelegentlich wohlriechende Essenzen beigemengt.

Besonders intensiv gaben und geben sich bis heute dem Genuss erlesener Aromen – wenig verwunderlich an der Wiege des Weihrauchs – die Omanis hin. Ein ordentlicher Vorrat jener »Tränen Allahs« darf in keinem Haushalt fehlen. Man parfümiert damit seine Wohnung, Büros, Läden, selbst die eigene Kleidung. Für Letzteres benutzt man als eine Art Deo für Leib und *Dischdascha* ein kniehohes Holzgestell: Das platziert man mitsamt dem qualmenden Öfchen unter dem weiten Gewand und verteilt dort mit der Hand fächelnd den Rauch, bis er an der Halsöffnung wieder austritt. Auch als Kaugummi für die Zahnreinigung finden die erhärteten Harztropfen Verwendung, und zu Salbe verarbeitet oder in Wasser gelöst als Kosmetikum gegen Akne beziehungsweise als entzündungshemmendes Getränk.

Wie weit die Passion der Omanis für erlesene Düfte geht, erlebe ich am Westrand der Stadt, in Seeb. Dort, gleich neben dem Flughafen, wird in einem schon von außen sehr eleganten Farbrikskomplex »Amouage«, das nach Aussage der Firma »teuerste Parfüm der Welt« hergestellt. Anfang der achtziger Jahre, erklärt mir der Sales Manager im zugehörigen Visitor's Center mit routiniertem Stolz, habe es der Starparfumeur Guy Robert aus Grasse im Auftrag des Sultans kreiert. Und zwar aus Silberweihrauch, Myrrhe, Damaszener und einheimischem Rosenöl, aus Schwertlilie, Aprikose, Zitrone, Jasmin, Birne, Patschuli, Sandelholz, Moschus, Zibet, grauer Ambra und über hundert (!) weiteren Essenzen und Ölen. »Die Mischung« fängt perfekt den unverwechselbaren Duft des Maiglöckchens ein, aus dem sich bekanntlich kein natürlicher Extrakt gewinnen lässt. Inzwischen umfasst das Sortiment der Marke Amouage an die fünfzig verschiedene Parfums. Hundert Milliliter des teuersten, »Exceptional Extrait«, schlagen mit fünfhundert Dollar zu Buche. Sein Flakon ist, versteht sich, entsprechend exquisit designt. Soll dieser aus Sterling-Silber und mit 24-karätigem Gold überzogen sein, gilt es das Dreieinhalbfache berappen.

Das Herzland des Weihrauchs ist freilich die Südprovinz Dhofar, und erster Anlaufpunkt, um mit ihm auf Tuchfühlung zu gehen, der Souq al-Husn in deren Hauptstadt Salalah. Dort, nicht weit von dem für Außenstehende strikt versperrten Eingang in den Palastbezirk, walten die Duftverkäuferinnen ihres Amtes. Es sind meist dunkelhäutige, mehrheitlich stark beleibte Damen in weiten, herrlich bunten Gewändern und mit Ringen in den flachen Nasen, die vielerlei wundersame Essenzen, Öle, Salben und Räucherwaren zu kreieren wissen. Neben ihren vornehmlich mit indischen und französischen Substanzen gefüllten Döschen, Schächtelchen und Flakons sowie den bunt bemalten Duftbrennern aus Ton bieten sie – in Plastiksäckchen oder Flechtkörben – selbstverständlich auch das legendäre heimische Räucherharz, den Weihrauch, an. Und zwar die besonders kostbare, transparente, leicht bläuliche Sorte al-Hojari aus den trockenen, meeresfernen Anbaugebieten ebenso wie den kaum minder guten al-Najdi und den deutlich rötlicheren und deshalb billigeren as-Shabi aus den küstennäheren Landstrichen.

Tags darauf unternehme ich eine Tagesfahrt zu den Orten des Ursprungs dieser duftenden Schätze. Vorbei an Mina Raysut, Salalahs modernem Hafen, geht es Richtung jemenitischer Grenze, hinter der, ich kann mich des Gedankens nicht erwehren, seit nun schon bald einem Jahrzehnt oder, wenn man den Aufstand der Huthi gegen die Regierung in Sanaa als Beginn ansieht, seit bereits 2004 ein grässlicher Bürgerkrieg tobt.

Die Berggipfel des Jebel Qamar sind von beeindruckender Schroffheit. Die Küste stürzt stellenweise senkrecht ins Meer. Und auch die Serpentinenstraße, ein Jahrhundertbau, mit dem Sultan Qabus die entlegenen Dörfer zugleich befriedete und mit der Gegenwart verband, ist von beachtlicher Kühnheit. Am Rand der Bucht von Mughsayl – deren Sandstrand man jüngst erst mit touristischer Infrastruktur, gepflasterten Wegen, Ausflüglerpavillons, asphaltierten Parkplätzen, ich wage zu behaupten, verunstaltet hat – wartet sogar eine erstrangige Kuriosität: flache, vom Meer unterspülte Klippen, genannt Blow Holes, durch deren natürlich entstandene Löcher die Wellen bei Flut Gischt und bisweilen sogar mit heftigem Grollen Wasser emporpressen, das oben als Fontäne hochschießt.

Doch das eigentliche Ziel dieser Tour ist die Begegnung mit jenem fabelhaften Gewächs, das seit der Antike geradezu als Synonym für das »glückliche« Südarabien gilt – mit dem Weihrauchbaum. In einem besonders mondlandschaftlichen Nebenwadi stehen endlich ein paar Exemplare dieser »Gabe Gottes« vor uns, der Boswellia sacra, wie sie in der Botanikersprache in Abgrenzung zu anderen, etwa den in Indien oder Äthiopien heimischen Sorten Boswellia serrata oder papyrifera, heißt. Knorrig sind die Bäume, ja verkrüppelt, mit ausladenden Ästen, dafür keine drei Meter hoch und nur mit kümmerlichem Blättergestrüpp ausgestattet, genau genommen beinahe kahl.

Mohammed Allam, mein so kundiger wie witziger Begleiter, demonstriert, wie man mithilfe eines *Manghaf*, eines Holzstabs mit eiserner Klinge, die Rinde ritzt. Er erklärt auch, dass man danach zwei bis drei Wochen zu warten hat, bis der weiß hervorquellende Saft zu bernsteinartigen Klümpchen geronnen ist; dass man zwischen Golf, weiblichen, und Tays, männlichen Bäumen, zu unterscheiden hat und ein Baum drei- bis viermal pro Erntesaison jeweils bis zu dreißig Schnitte verträgt. Auch jene Legende (die den alten Südarabern ihr Monopol als Zulieferer für die Fernkarawanen bewahren half) gibt er schmunzelnd zum Besten, nach der Schwärme bunter, geflügelter Schlangen feuerspeiend von Baum zu Baum fliegen und so die heiligen Hänge vor unbefugten Eindringlingen schützen. Freunde von Mohammed, höre ich, betrieben mit ihren Familien die Weihrauchernte nach wie vor kommerziell. Doch die fetten Jahre, klagten sie, in denen sich hohe Profite erzielen ließen, seien mit dem Ende des Zweiten Weltkriegs, als Indien das Räucherharz mit hohen Importzöllen belegte und Chemiker ein synthetisches Substitut entwickelten, endgültig vorbei. Zudem liege der Rest des internationalen Geschäfts heutzutage in den Händen von Händlerfamilien aus Somalia, neben Oman, Jemen, Djibouti und der saudischen Südprovinz Asir einer der traditionell zentralen Herkunftsregionen des wundersamen Harzes.

Eine inhaltlich zwingende Station zum Thema Weihrauch markiert zu guter Letzt Sumhuram. Der Ort bildete in antiker Zeit den östlichsten Außenposten des Königreichs von Hadramaut, das auch den Dhofar kontrollierte. Er war seinerzeit der bedeutendste Hafen zur Verschiffung jener immens kostbaren Substanz, welche die Priesterschaften in nördlicheren Gefilden tonnenweise verbrannten. Gegründet wurde Sumhuram im vierten vorchristlichen Jahrhundert. Doch zum kommerziellen Höhenflug setzte es erst an, als die Römer endlich die navigatorischen Risken des Roten Meeres meisterten und der Weihrauchexport nicht mehr nur von den Nabatäern per Kamelkarawanen über Land, sondern im großen Stil auch auf dem Seeweg erfolgen konnte. Die Stadt umfasste eine Zitadelle, Tempel, Werkstätten, etliche mehrstöckige Häuser, und war mit einem gewaltigen Tor sowie rundum einer zweieinhalb Meter dicken Mauer aus zyklopischen Steinquadern bewehrt. Ihre Ruinen, in denen amerikanische Archäologen Inschriften in einer zuvor unbekannten südsemitischen Sprache entdeckten, steht seit dem Jahr 2000 auf der UNESCO-Welterbeliste. Hintergrundinfos plus einen lehrreichen Film über seine Historie und auch diverse Originalfunde bietet nahe dem Eingang ein schmuckes Museum. Und vom Südrand des Ruinenhügels hat man einen prächtigen Blick hinab auf die Lagune Khor Rori, den an seinem Eingang heute versandeten Naturhafen, dem Sumhuram seine Bedeutung verdankte. An ihrem flachen, von Schilf überwucherten Ufer staksen Reiher, Flamingos, auch Kamele im Wasser. Landeinwärts, in der Ferne, begrenzt die markante Kalksteinwand am Ausgang des Wadi Darbat den Blick. Kaum kann ich glauben, dass sie sich, auf Fotos bekomme ich's gezeigt, zur Monsunzeit in einen mehrere Hundert Meter breiten Wasserfall verwandelt.

Eine Exklave als strategischer Hotspot

Auf der Halbinsel Musandam

Eingepfercht in eine zweimotorige Aluminiumröhre der Oman Air fliege ich in den nördlichsten Zipfel, eine Exklave des Landes. Unter mir gleitet die Sichelküste der Batinah-Ebene hinweg – Retortensiedlungen, Landvillen, die grünen Gevierte der Farmen, Barka, Sohar, und rechter Hand, der Küste vorgelagert, die Daymaniyat-Inseln – von nistenden Seevögeln bewohnte und von türkis leuchtenden Korallenriffen umkränzte Felsenbänke, deren sandige Buchten alljährlich vor allem von Karettschildkröten zur Eiablage aufgesucht werden und deren Betreten Menschen aus Naturschutzgründen kategorisch untersagt ist. Nach einer knappen Stunde, vor Khor Fakkan, einem Außenposten des Emirats Sharjah: ein großer Schwarm von Öltankern auf Reede. Kurz darauf versperrt jählings ein aus dem Meer ragender gigantischer Felsriegel den Horizont. Ruus al-Djibal, die »Köpfe der Berge« – die Halbinsel Musandam.

Beim Näherkommen zeigt sich, dass das Massiv von einem Geflecht tiefer Fjorde und *Wadis* zerschnitten ist. Der Vergleich mit Norwegen drängt sich auf, allerdings fehlen hier Wälder und Wasserfälle, überhaupt jegliches Grün. Als die Maschine zur Landung ansetzt, scheint es, als berührten die Tragflächen jeden Moment die Berge. So nah sind die Gipfel und so eng die Täler. Inmitten des grandiosen Chaos aus Geröllhalden, Schrunden, schroffen Felsflanken entdecke ich winzige leuchtend grüne Flecken. Felder! Also doch – sogar in dieser Mondlandschaft leben Menschen. Hauptort der Halbinsel ist die Küstenoase Khasab. Sie liegt auf dem Schotterfächer der Mündung eines mächtigen *Wadis* und besitzt dank reicher Grundwasserreservoirs ausgedehnte Palmenhaine. Von Musandams insgesamt rund dreißigtausend Einwohnern siedeln etwa zwei Drittel hier. Jahrhundertelang war Khasab nur auf dem Seeweg zu erreichen. Seit man Anfang der achtziger Jahre in die westliche Steilküste eine kurvenreiche Piste gesprengt hat (und sie wenig später ausbaute und asphaltierte) und so eine Verbindung ins Emirat Ras al-Khaimah und weiter nach Dubai schuf, aber auch dank des Modernisierungsprogramms der fernen Regierung in Muscat ist in Khasab der Fortschritt eingezogen.

Bis Ende der Achtziger durften Zivilmaschinen seinen Armeeflughafen nicht anfliegen, war Musandam militärisches Sperrgebiet und für Touristen tabu. Allzu groß war die strategische Bedeutung der nahe gelegenen Straße von Hormuz. Noch dreißig Prozent der Ölimporte der USA, sechzig der Europäer und siebzig der Japaner gelangten damals durch diese »Halsschlagader des Westens«. Mehrere Hundert Tanker passierten die Meerenge pro Tag. Seither haben Irans Ölausfuhren sanktionsbedingt abgenommen, haben Saudis und Emiratis zur Umgehung des neuralgischen Nadelöhrs neue Pipelines für den Export gebaut. Die Zahl der Schiffspassagen hat sich halbiert. Auch wenn die Omanis mithilfe britischer – und seit Khomeinis Revolution zusätzlich amerikanischer – Berater dieses ihr Territorium nach wie vor geflissentlich kontrollieren: Seine weltpolitische Wichtigkeit hat sich deutlich verringert.

Pionier im regionalen Tourismusgeschäft und bis heute darin eine Größe ist Abdul Khalique. Obwohl mittlerweile auch schon ein Senior, lässt er es sich nicht nehmen, mich dreißig Jahre nach unserem ersten Zusammentreffen erneut auf eine Spritztour in seinem Four-Wheel-Drive einzuladen. Wenige Kilometer hinter dem Ort geht es in halsbrecherischen Spitzkehren dem über zweitausend Meter hohen Jebel Harim, Musandams prominentestem Gipfel, entgegen. Auch entlang dieser Strecke eröffnet sich ein tektonisches Wunderland und vom Scheitel der Passstraße (die Bergspitze, auf der eine Radarstation thront, ist wieder einmal dem Militär vorbehalten) ein atemberaubender Rundblick. Auf eintausendeinhundert Metern Seehöhe erreichen wir eine großflächige Senke. Sie ist sattgrün und wirkt gepflegt fast wie ein schottischer Golfplatz. In ihr, erfahre ich, sammelt sich im Frühjahr das Regenwasser. Die Bewohner des angrenzenden Ortes Sayh nutzen sie zum Anbau von Luzernen. Tiefer in den Bergen begegnen wir Bergnomaden vom Stamm der Shihuh. Sie grüßen nicht unfreundlich, aber verhalten, indem sie ihre *Djirs*, die charakteristischen kleinen Äxte, ein wenig schwenken.

Auf der Rückfahrt ein Abstecher nach Birkat Khaldiya, einer natürlichen Parklandschaft, die im Schräglicht der untergehenden Sonne der ostafrikanischen Savanne gleicht. Schirmakazien, hohes Gras, stellenweise ein grüner Teppich aus Kräutern … Am Ende des breiten Tales das gleichnamige Dorf mit zehn Häusern, hundert Einwohnern: Der Dorfälteste führt uns zu seinem Elternhaus. Es ist aus massiven Steinblöcken geschichtet und mit zyklopischen Schieferplatten gedeckt. Sein etwa zur Hälfte in die Erde gegrabenes Inneres ist eine dunkle Höhle. Noch die Generation vor ihm, sagt er, habe hier gewohnt. In einer Ecke erkenne ich schemenhaft mehrere Tonamphoren. Sie dienten als Getreidelager. Um diesen Vorrat im Sommer, wenn sie in die Oasen zogen, vor Dieben zu schützen, versahen die Bewohner die Holztüren mit komplizierten Schlössern. Auf Arabisch heißen diese archaischen Behausungen denn auch *Bait al-qafl*, »Haus des Schlosses«.

Den Folgetag verbringe ich, wie anno dazumal und entsprechend nostalgisch gestimmt, an Bord einer alten *Dhau*. Das Deck ist mit Teppichen ausgelegt, die hölzerne Reling zum Anlehnen mit Rückenpölstern versehen. Man kredenzt Zimttee und frische Früchte. Eine aufgespannte Persenning spendet Schatten. Das Ziel heißt Khor Shimm und ist der mit sechzehn Kilometern längste Fjord der Halbinsel. Wir tuckern das Ufer entlang. Jede Ecke offenbart einen neuen Traumstrand. Allein mit dem touristischen Potenzial dieses kurzen Küstenabschnitts bestreiten andere Länder komplette

Werbekampagnen. Oman besitzt mehr als zweitausend Kilometer weitgehend jungfräulicher Küste. Dennoch hat das Land, sieht man von einzelnen wenigen Luxusresorts ab, den Versuchungen einer hemmungslosen Vermassung und Kommerzialisierung als Tourismusdestination bisher erfolgreich widerstanden.

Inmitten des Khor Shimm erhebt sich ein kahles Eiland: Jazirat Saghira, die »Telegrafeninsel«. Als die Briten 1860 beschlossen, quer durch den Persischen Golf nach Karatschi ein Überseekabel zu legen (Samuel Morse hatte kurz davor den ersten Telegrafen konstruiert, ein erstes Kabel zwischen Europa und den USA und auch eines von London bis zum damals britischen Basra waren schon verlegt), rückten sie das entlegene Eiland blitzartig in den Fokus der Weltpolitik. Denn an genau dieser neuralgischen Stelle, auf exakt halbem Weg zwischen Golf und Indischem Ozean, errichteten sie zwecks Überwachung eine Festlandstation. Die beiden Aufseher hielten freilich der Einsamkeit und dem extrem unwirtlichen Klima nur wenige Jahre stand. Es ist den zweien nicht zu verargen: Rundherum ragen die nackten Felsklippen bis zu tausend Meter senkrecht in den knallblauen Himmel. An den Steilufern kleben ein paar Häusernester, deren Bewohner den bleichgesichtigen Fremden seinerzeit vermutlich auch nicht über alle Maßen wohlgesonnen waren. Dazu kamen noch Piraten, die draußen im Golf die Handelsschiffe der Europäer überfielen und sich danach in dem Buchtenlabyrinth verbargen. Nicht ohne Grund waren die Gefilde der Trucial States, jener Scheichtümer entlang der südlichen Golfküste, die Großbritannien erst 1971 in die Unabhängigkeit entließ (worauf sie sich bekanntlich zu den Vereinigten Arabischen Emiraten zusammenschlossen), als Seeräuber- oder Piratenküste bekannt und berüchtigt. Fazit: Die Armee Ihrer Majestät in London gab den Stützpunkt nach fünf Jahren wieder auf. Nur die Ruine des zweistöckigen Telegrafenhauses und ein paar Mauerreste der Wohngebäude zeugen noch von dem gescheiterten Versuch.

Vom Wasser aus habe ich, das Panorama spült mir die Erinnerung ins Gedächtnis, Mitte der Neunziger hier fasziniert beobachtet, wie in einer winzigen Ufersiedlung ein Trupp Männer einen Holzmast den Hang hochschleppte und hierauf in den Boden rammte. Eine erste Stromleitung wurde verlegt, mit der auch in diesem denkbar entlegenen Erdenwinkel die Gegenwart Einzug hielt. Bis heute liegen diese Ortschaften an der äußeren Peripherie der zivilisierten Welt. Ihre Kinder werden zu Wochenbeginn mit dem Boot zur Schule nach Khasab gebracht und kehren erst am Donnerstag abends nach Hause zurück. Manche Dörfer sind gegen Ende des Sommers darauf angewiesen, dass ihnen die Regierung in Tankbooten regelmäßig Trinkwasser anliefert. Und manche, wie etwa Kumzar ganz im Norden, wo den Oman nur noch Wasser von den iranischen Inseln Qeshm und Hormuz trennt, liegen so eingezwängt zwischen Bergen und Meer, dass die Toten unter den Häusern begraben werden. Am Schluss des verästelten Fjords, den keine

Meeresströmung und auch selten eine Windböe erreicht, taucht aus dem spiegelglatten Wasser plötzlich der Kopf einer Schildkröte auf. Kurz danach überholt uns ein Schwarm fliegender Fische. Und zum Finale spielen, kurz bevor wir wieder das offene Meer erreichen, mehrere Delfine mit dem Schiff zugleich Fangen und Versteck.

Als wir in der Dämmerung wieder im Hafen von Khasab einlaufen, warten dort Pulks von Iranern mit startklaren Schnellbooten auf den Einbruch der Dunkelheit. »Unser Problem mit den nur sechzig Kilometer entfernten Nachbarn im Norden«, sagt Steuermann Ibrahim und runzelt die Stirn, »sind nicht diese Schmuggler. Was uns hier in Khasab Sorge macht, ist die wachsende Zahl von Flüchtlingen. Drüben im Iran haben die wenigsten Jugendlichen eine Zukunft. Im Großraum von Bander-e Abbas etwa, der nahen Hafenmetropole, leben bereits mehr als zwei Millionen Menschen. Und immer mehr suchen bei uns beziehungsweise in den Emiraten ihr Glück. Armut, politische Repression und Perspektivlosigkeit bereiten den Boden für Neid. Und dieser, so fürchten wir, könnte auch uns eines Tages treffen.«